Manuel Vázquez Gil

AS FORMAS DA MENTE

São Paulo, 2023

ZERO

- A cabeça, pai, ela é redonda, do mesmo jeitinho que o mundo onde nós vivemos, ou a bola que você chuta, ou a lua cheia que ilumina a noite escura. Mas a mente não, a mente tem a forma dos pensamentos. Então, pai, pra gente ter uma mente bonita, tem que pensar bonito.

- E o que é um pensamento bonito, filho?

- Pensar bonito, pai, é sempre acreditar nas outras pessoas, nunca duvidar do que falam pra gente.

- Mesmo quando a gente sabe que estão mentindo?

- Sim, mesmo quando a gente acha que estão mentindo, a gente não pode julgar as verdades das outras pessoas.

- É, Bento, você vai ser um bom homem. Quem sabe até um bom psicólogo.

Catiapoã, primavera de 1950 (das minhas memórias)

UM

A mercearia, que chamavam de cantina, ficava incrustada na estação da velha estrada de ferro Sorocabana, só que do outro lado dos trilhos. Depois da morte trágica do seu Bastião, tinham levantado muros para impedir a passagem de pessoas e adaptado uma passarela que ligava a Persio de Queiros com a Campos Sales.

Era um esqueleto sinistro de tubos de andaime com taboas grossas a guisa de degraus, mas as frestas entre as taboas sempre lhe causavam arrepios, de modo que Bento preferia enfrentar os perigos de pedalar uns cem metros até a passagem de nível da Ipiranga e, de lá, voltar mais cem metros até a estação do trem, onde ia ajudar seu pai na cantina.

Isso até que o sobrado da esquina da Ipiranga com a Campos Sales, que abrigava um depósito de materiais para construção e tinha alguns apartamentos em cima ruísse, matando algumas pessoas, inclusive Ângela, colega de escola de Bento, e a mãe dela. Falaram que a vibração provocada pela passagem dos trens enormes que levavam mercadorias para o porto e bois para o matadouro provocara o desabamento, e até quem morava a uma quadra dos trilhos passou a ter sobressaltos toda vez que o chão da casa vibrava com a passagem do trem.

Com medo dos fantasmas que povoavam os escombros do depósito de materiais, passou a pedalar até a passagem de nível da XV de Novembro, torcendo para que os prédios daquela esquina, também sobrados, não viessem abaixo: a próxima passagem era no viaduto da Antonio Emmerick, e seus pais não o deixariam ir até lá, obrigando-o a usar a passarela sinistra que, tinha certeza, ainda causaria acidentes e até mortes, com suas taboas e seus vãos da largura de rios.

Do outro lado, já na Benjamin Constant, quase na esquina com a Campos Sales, num grande edifício assobradado que hoje hospeda a sede da Justiça Federal, seu Alcides tocava um depósito de bebidas, que distribuía refrigerantes, cervejas e vinhos para a região. Homem pequenino e frágil, que a molecada camufladamente chamava de o maior anão do mundo, seu Alcides morava no andar superior e era afável, quase tão gentil quanto o pai de Bento.

Na laje do espaçoso sobrado, escondidos atrás da mureta que cercava toda a laje, apaches se escondiam à espreita, aguardando sua passagem. Ele passava por ali antes da alvorada, com os raios do sol tentando surgir lá atrás do morro do Itararé, e eles já estavam acordados, esperando em silêncio. Mas seus ouvidos aguçados e seu instinto de cavaleiro solitário cavalgando as planícies da cidade sobre o lombo da bicicleta sempre o salvavam: ao primeiro zumbido de flechas vindo da laje, ele saltava e, protegido atrás do alazão, sacava os dois Colts e matava todos, uma bala na cabeça de cada um.

Depois subia outra vez no cavalo e ia ajudar a servir os primeiros viajantes dos trens da Sorocabana, vindos do Oeste bravio, lá da direção de Samaritá, e se dirigindo ao grande porto de Santos, onde alguns trabalhavam, ou às escolas de São Vicente, onde as crianças estudavam, alguns inclusive seus colegas de sala.

Discreto como todo super-herói, não contava pra ninguém que era graças a ele, à sua coragem e pontaria que podiam seguir tranqüilos para a escola e o trabalho. Vida de herói é assim, salvando vidas sem esperar recompensas. A menos que um dia algum desenhista de quadrinhos, por acaso, passasse no local justamente na hora da luta com os sanguinários Apaches.

Ocorreu que um dia, decerto avisados de que ele carregava dois Colts na cintura, os pele-vermelhas foram em maior número de que balas ele tinha e, depois da costumeira troca de flechas e tiros, uma delas atravessou o quadro vazado do alazão e atravessou seu peito, justo na hora em que se virara de costas para abastecer as armas. A flecha atravessou as costelas e sua ponta ficou visível, no lado direito do peito. Com o movimento brusco, o cavalo caiu sobre suas pernas, não conseguia tirá-las debaixo dele. Mesmo ferido, conseguiu atirar e matar os últimos apaches e imediatamente caiu, tentando ficar acordado.

Coincidência maldita do que chamamos de destino, seu Alcides assistiu a tudo da janela. Nunca estava acordado quando ele passava trotando e justo no pior dia de um herói ele surge!

Assustado com a cena do desmaio, ele desceu a atravessou a rua correndo para socorrer Bento. Chamou seu nome algumas vezes, tentou levantá-lo, mas, apesar de ter apenas dezesseis anos, era maior do que ele e não conseguiu. O garoto permaneceu estático, sem saber o que fazer para não ter a identidade secreta revelada. Então seu Alcides disparou na direção da cantina.

Quando o pai chegou, ele já tinha quebrado a ponta da flecha e retirado a haste do peito. O alazão felizmente estava bem, nenhum pneu furado. O sangue já havia estancado, que era sangue de herói, prenhe de plaquetas, mas ele permanecia estrategicamente sentado, apoiado no muro, já consciente, mas ainda tonto. Seu pai levou-o de volta pra casa, deixou-o lá repousando e foi servir a freguesia sozinho, apesar das garantias que o garoto lhe deu de que estava bem, obrigado, já tinha passado.

Naquela tarde não foi à escola: sua mãe largou os afazeres e chamou o dr. Stuchi, médico de todas as famílias da região. O doutor ouviu calmamente o relato da mãe, examinou detalhadamente o corpo espigado e magro, fez umas poucas perguntas, Bento respondeu monossilabicamente e o médico deu o diagnóstico, seguro e limpo como sempre fazia: adolescência, dona Preciosa, seu filho tem adolescência!

Do fundo da alma, Bento agradeceu ao dr. Stuchi a gentileza de guardar seu segredo, mesmo que não tenha exatamente aliviado o coração materno de Preciosa. Quando ela contou, durante a ceia, para toda a família, que ele tinha adolescência, a irmã menor começou a chorar, achando que era uma grave doença, e nem seus pais, nem suas irmãs maiores, nem mesmo seu primo, o mais velho entre eles, um homem já, conseguiram explicar que doença era aquela. A pequena irmã queria que sua mãe voltasse ao consultório do médico e exigisse explicações detalhadas: se tinha cura, quanto tempo tinha de vida, se Bento ia emagrecer mais ainda, se ia afetar a inteligência. Ouvira casos, ela dizia. Queria ir junto ao médico para fazer essas perguntas e outras mais, que pensaria mais tarde.

Seu pai, solenemente e com a paciência e doçura que o caracterizava, prometeu que ia pessoalmente falar com o médico, mas garantiu que não era nada grave, que era apenas algo passageiro, que tinha relação com o crescimento absurdo, que também ele passara por algo parecido, mas que bastaria o tempo para que a cura viesse. Pediu que iniciássemos o ritual da ceia e que Bento, deitado no sofá e cheio de dores que tentava esconder, fizesse a oração, rogando que aquele episódio não voltasse a acontecer.

Resistiu timidamente: como prometer algo assim se, amanhã mesmo, antes do amanhecer, os Apaches estariam esperando no mesmo lugar? Com o olhar, seu pai insistiu, e ninguém resistia ao olhar afetuoso de Alejandro, então fez a temida oração, pedindo proteção divina, mas já antevendo que ela não viria: os pele-vermelhas voltariam, mais furiosos ainda, e ele continuaria exposto aos perigos das flechas.

Pior: estaria exposto aos perigos da adolescência!

UM E MEIO

A imaginação de uma criança ou de um adolescente não guarda relação com o que costumamos chamar de inteligência. Amigos ou inimigos imaginários fazem parte do universo mental de seres humanos em crescimento. O ideal seria que estivéssemos sempre crescendo e em formação, mas a cultura nos obriga a agir no que pensamos ser real. Pensar que o que vemos é real também é, por si só, um exercício de imaginação.

Crescemos e, em certo momento, acreditamos que nos tornamos adultos. Então evitamos dialogar com a imaginação. Continuamos criando amigos e inimigos imaginários, mas já não os tratamos como quando éramos crianças ou adolescentes. Já não ficamos assustados, acordados na noite, com medo do bicho papão em baixo da cama. Não, agora somos adultos, então fazemos guerras reais para destruir o bicho papão que nós mesmos criamos.

Apaches na laje do Monte Alto ainda persistem, ainda estão lá, mas agora já não podemos atirar neles porque as pessoas diriam que é insano. Crescer subtrai de nós a capacidade de permanecermos puros.

A cabeça é redonda, o cérebro também, mas a mente não, a mente tem as formas dos pensamentos.

Essa é a tragédia. Ou a salvação.

Bento, verão escaldante, 1972.

DOIS

"A mente de Breno tinha as formas dos monstros da abstinência"

- Odeio psicólogos! Breno soltou a pérola antes mesmo que sua bunda atingisse a almofada do divã, como se estivesse pedindo para ser expulso do consultório sem experimentar a maciez e o conforto do pequeno móvel, ali onde o inconsciente escapa da mente e se espalha pelo ambiente.

- Eu também, Bento respondeu instintivamente. De modo que o movimento descendente do corpo de Breno acelerou e o peso da massa de carne humana, descontrolada, desabou sobre o divã. O ruído da surpresa abafou o cair do corpo, e seus olhos fixaram os do terapeuta, finalmente, em busca de resquícios de verdades na sua resposta.

Pode um psicólogo odiar psicólogos? Como se adivinhasse o pensamento de Breno, Bento continuou o seu próprio, tentando impedir que ele racionalizasse suas palavras: por que não? Você, por exemplo, é um adolescente e odeia adolescentes. Mas, pense bem, um psicólogo odiar psicólogos não significa odiar a psicologia. Muito menos odiar a si mesmo.

- Então, amigo, eu posso ser um psicólogo e não gostar de psicólogos, até porque muitos deles são esquisitos, pessoas difíceis de serem gostadas. Mas eu gosto da psicologia, especialmente daquela que eu pratico, então posso te ajudar a, ainda que não goste de muitos adolescentes, gostar da adolescência e, de quebra, gostar de si mesmo.

- Comecemos por mim: você sabe o que faz um psicólogo?

Breno disse que sim, que sabia, que já tinha passado por alguns e que era por isso que não gostava deles: o psicólogo escuta o que a gente fala, analisa, adivinha nossos pensamentos e depois chama a avó da gente pra falar o que ela deve fazer pra gente ficar do jeito que ela gosta que a gente fique.

- E você não gosta do jeito que sua avó quer que você fique?

- Ah! Eu até que me esforço, mas não consigo. Não é que eu ache que ela está errada, se ela estivesse errada, ela é que estaria aqui, se consertando, não eu. É que não consigo ser como ela quer que eu seja, e os psicólogos ficam enchendo o saco pra eu mudar, pra agradar minha avó porque ela me ama.

- Ok, acho que entendi o que incomoda você. São duas coisas: a primeira é que você não consegue ser o que sua avó quer que você seja, ter os comportamentos que ela acha corretos; a segunda é que você não sabe o que faz um psicólogo. Não é o que alguns fizeram com você, isso é errado, você tem todo o direito de ser do jeito que você é, desde que isso não te prejudique nem prejudique ninguém.

- Tá, e o que faz um psicólogo?

- Então, o psicólogo ajuda você, às vezes até ensina você, a ser feliz com aquilo que você tem, e com o que é. Sendo mais feliz, você vai ajudar sua avó a ser mais feliz também. Isso tem o nome de aceitação: se você se aceitar, não vai tentar se mudar, apenas vai cuidar de melhorar suas ações para gostar ainda mais de você. Gostando de você, você vai também gostar mais dos amigos e conhecidos que, em troca, também vão gostar mais de você.

- Você é feliz, Breno?

- Acho que sim.

- Muito bem, então você já pode ir embora, não há nada que eu possa fazer para ajudar você.

Breno arregalou os olhos:

- Fala sério?

- Sim, falo sério. Se o terapeuta serve pra ajudar você a ser feliz, e se você já é feliz, não precisa mais vir aqui.

Breno abaixou a cabeça, como se tivesse se envergonhado:

- Bem, não é sempre que sou feliz, às vezes eu fico infeliz.

Bento sentiu a ponta da negociação:

- E quantas vezes você fica infeliz?

- Sempre. Quer dizer, quase sempre. Tem momentos que não sou infeliz.

- Então quer tentar ser feliz mais vezes?

- É, acho que sim.

- Pois fico feliz que queira tentar, porque eu vou ter muito prazer em conviver com você a ajudar a espantar a infelicidade.

- É uma mágica?

- Perfeito! É uma mágica! Que tal me dar uma chance e se tornar um mágico também?

Breno tirou os tênis, sem ajuda das mãos, como fazem todos os adolescentes e, como numa oferta de amizade, aninhou seu corpo avantajado no divã. Colocou os braços sobre o peito, os dedos entrelaçados como quando se faz uma oração, virou levemente a cabeça para que seus olhos fitassem meu rosto e desafiou: vamos começar!

Pois foi desse ponto que começaram, por assim dizer. O terapeuta apresentou-se, explicou-lhe as técnicas que usaria, como funcionariam as sessões, a freqüência, o tempo. Falou sobre a escuta flutuante, a arte de ouvir o que não é dito, e que não era uma adivinhação, mas uma técnica com regras estabelecidas. Falou do sigilo: se ele decidisse prosseguir, tudo o que fosse falado ali dentro ficaria entre eles. Ninguém ficaria sabendo de nada, a menos que ele decidisse contar. Brincou sério: se lhe dissesse que ontem matou um cara, ficaria entre eles e ninguém mais.

- Mas nem minha avó?

- Nem sua avó. Se algum dia eu precisar falar com ela sobre você, vou pedir a sua autorização e falar com ela na sua frente. É o sigilo, e é a ética, precisamos confiar um no outro, ou nada vai funcionar.

- Muito bem, eu topo.

- Não, Breno, não pode topar agora. Precisa ir pra casa, pensar em tudo que conversamos aqui e, daqui a alguns dias, vai fazer contato e dizer se quer ou não quer. Mas lembre-se: mesmo que não quiser continuar, precisa me avisar, porque seu horário vai ficar reservado até você decidir. Combinado?

Ele afirmou um sim, com o polegar levantado.

- Muito bem. Agora vou pedir pra sua avó entrar e vou repetir as regras pra ela. Porque é sua avó, merece nosso carinho e consideração, e precisa saber como as coisas serão, se você aceitar começar sua terapia.

Breno mandou mensagem dois dias depois. Voltou ao consultório já na semana seguinte, com a curiosidade extremamente aguçada. Explicou o motivo de ter confiado no terapeuta: era o primeiro profissional da saúde que tinha conversado com ele em particular, sem a presença da avó, todos os anteriores falavam com a avó sem a presença dele, e ela é que mantinha o contato com eles. Breno só ficava durante os minutos da terapia, ou da consulta, e era convidado a sair para que o profissional falasse com a avó dele.

Trata-se de um processo que emerge do inconsciente e que se torna reconhecível: quando alguém me coloca como protagonista da minha própria história, eu cresço instantaneamente, torno-me maior, mais responsável, já não posso errar a esmo e colocar a culpa no psicólogo, no psiquiatra, na professora ou na avó. Breno sentiu isso na pele e decidiu tomar a responsabilidade pela sua cura.

Um adolescente, treze anos de idade e uma história de vida que poucos adultos sustentariam sem quebrar, Breno era forte, muito forte, e só precisava de uma única pessoa, um único adulto que acreditasse nele, no que trazia, dizia, fazia, nos conteúdos que tentava mostrar, mas que ninguém até então havia parado para ouvir. Em toda sua vida só encontrara pessoas que o aconselhavam, nunca nenhuma pessoa lhe pediu para dizer o que sentia e o que queria.

Agora ele encontrara um, na figura de um terapeuta de cabelos e barbas brancas, com jeitão físico de vovô, mas com disposição e linguagem dos adolescentes que preenchiam seu consultório. Um sujeito simpático e cheio de energia, a despeito da imobilidade que dificultava sua saída de trás da escrivaninha.

E que estava disposto não só a ouvi-lo, mas a respeitar suas decisões.

Isso era a mágica, e o mágico era ele, Breno.

Ele vivia com a avó, porque seus pais, dependentes de droga, haviam se afastado para que ele pudesse crescer em ambiente sadio. Desde pequeno demonstrou hiperatividade, com momentos de violência, não contra pessoas, mas contra objetos. E desde pequeno o psiquiatra tratou do comportamento disfuncional com diagnóstico de transtorno e medicamentos que visavam controlá-lo. Mas, apesar de medicado, Breno perdia o controle às vezes, especialmente na escola, e derrubava carteiras, saía da sala intempestivamente e se tornava agressivo com palavras e gestos com os colegas.

Foi assim que ele chegou àquele consultório, a partir de um projeto que Bento desenvolvia naquela escola.

Em três sessões, uma das quais em forma de um passeio que fizeram no calçadão da praia, o terapeuta percebeu que o diagnóstico poderia estar equivocado, e que as crises de agressividade poderiam ser causadas por abstinência: um jovem de treze anos que tomava medicamento psiquiátrico desde os três, poderia eventualmente sentir a falta desse medicamento em situações esporádicas e especiais. Logo o psicólogo descobriria que suas inferências estavam em parte certas, mas que a causa primária era outra: Breno já nascera com abstinência neonatal (que o terapeuta preferia denominar abstinência fetal, para focar no ponto de que o feto já recebe os efeitos nefastos das drogas usadas pela mãe, sejam lícitas, sejam ilícitas). Sua mãe usara drogas durante toda a gestação, e ele já nascera dependente.

Essa condição havia sido camuflada pelo uso da droga legal administrada pelo psiquiatra, e o diagnóstico de hiperatividade parecia justificar os comportamentos. Mas por que os psicólogos anteriores não haviam levantado a suspeita ora aventada? Provavelmente porque não haviam logrado criar o vínculo de confiança que permitiria ao jovem contar-lhes certas coisas que ele fazia questão de esconder. Afinal, se lhes contasse seus segredos, eles os repassariam para a avó e sabe-se lá pra mais quem.

Ironicamente, foi o vínculo criado entre eles que permitiu que a avó pudesse complementar a história de vida de Breno e o Bento conseguisse juntar as peças do enigma.

A partir dessa suspeita redirecionaram o rumo da terapia: se efetivamente a causa de tudo fosse a abstinência, precisavam livrá-lo das drogas, e não obrigá-lo a ingeri-las. Em outras palavras: precisavam encontrar meios para que ele pudesse controlar sua agressividade sem o uso de qualquer tipo de droga.

O primeiro passo foi falar sobre as suspeitas, o que efetivamente fez. Depois pediu autorização para conversar sobre isso com a avó. A essa altura ele já confiava o suficiente na relação e autorizou, até sem a presença dele. A avó, finalmente, fez o relato que faltava para colocar mais uma peça no quebra-cabeça. Ela chorou, ela se emocionou, todo aquele terror que ela contivera por esse longo tempo voltou, mas depois ela lhe disse que se sentia livre, já não carregava sozinha o peso do segredo.

Nessa conversa, ela disse também que a filha tinha passado por tratamento, que estava livre da droga, casara novamente com um bom homem, tinha dois filhos dessa relação, um dos meninos com paralisia cerebral, mas que a relação entre ela e Breno nunca se refizera: ela respeitava a distância entre eles e ele não demonstrava nenhum afeto por ela, de modo que só se viam esporadicamente, ela no portão da casa dele e ele na varanda, a alguns metros dela.

Segredo revelado, o processo terapêutico ganhou velocidade. O segundo passo seria efetivamente reduzir a ingestão da droga controlada, mas para isso era preciso encontrar um substitutivo que reduzisse a gravidade da abstinência. De forma espetacular, a paixão fez isso! Durante mais uma sessão externa, porque Bento havia percebido que Breno falava mais e abria seu coração de forma mais ativa nas lentas incursões pela praia ou no Shopping, o rapaz confessou:

- Sabe, semana passada eu decidi que ia largar o remédio. Fingi que tomei, porque minha avó fica de olho, e botei em baixo da língua, fui ao banheiro e cuspi. Três dias seguidos. No terceiro dia passou uma menina linda, e o coração disparou, eu pensei que ia ter um troço. As pernas tremiam, as mãos também, parecia que o sangue ia sair pelos buracos da pele. Aí eu lembrei as coisas que você falava sobre amor e paixão, e descobri que estava apaixonado.

- No dia seguinte minha avó descobriu o negócio do remédio na privada e me obrigou a tomar. Ela descobriu porque eu voltei a ficar um demônio na escola, e eu tive que contar. Tomei o remédio e, quando a menina passou, não senti nada! Eu era um tambor vazio! Não sentia nada, nadinha mesmo!

- Mas só que eu queria sentir, eu queria tremer, queria o coração saindo pela boca, eu queria estar apaixonado, então achei um jeito de não tomar o remédio. Isso foi ontem, e hoje estou aqui com você, pedindo: por favor, me ajude a sentir, não me deixe continuar sendo um tambor vazio!

Como sempre acontecia nessas ocasiões, a noite de Bento foi povoada de personagens, histórias, casos, insônia. Breno colocara em suas mãos a responsabilidade pela cura dele e, em extensão, pela sua felicidade: não fora isso que ele lhe dissera no primeiro dia? Que o psicólogo serve para ajudar a pessoa a ser mais feliz? Então, Breno não queria mais ser um tambor vazio, queria sentir. Graças ao protagonismo que lhe fora conferido, ele mostrara a direção: queria sentir a paixão!

Ocorre que certos medicamentos psiquiátricos servem justamente para abafar os afetos e as emoções. Crianças que fazem uso dele não têm a oportunidade de conviver com seus próprios medos, paixões, frustrações. Nas palavras de Breno, crescem tambores ocos. Como reagir, como controlar, como viver a paixão quando ela se atira contra crianças assim? Profissionais da saúde mental têm a solução: mais medicamentos, mais fortes, mais doses, para manter o tambor sempre oco. E quando a criança cresce e quer sentir?

Era preciso encontrar a saída, e só havia uma pessoa que poderia apontar a direção certa: Breno. Restava ao terapeuta ouvir, enxergar, sentir e, depois, estender a mão até que o rapaz pudesse seguir sozinho.

Na semana seguinte o terapeuta o levou até a Campos Sales. Pararam em frente ao prédio da Justiça Federal, e ele lhe contou a história: onde se localizava o muro, que hoje é um grande calçadão. Onde os trilhos passavam, que atualmente é uma via de trânsito rápido. A velha cantina se transformou numa pracinha simpática onde os jovens andam de skate. Um veículo leve sobre trilhos substituiu o velho trem. Onde o sobrado ruiu surgiu um posto de gasolina. A passarela sinistra foi removida, e a Persio de Queiros está ligada diretamente à Campos Sales, passando por cima dos trilhos.

Mas – milagre que só os mágicos fazem – a velha laje onde os Apaches se escondiam para atacá-lo ainda permanece, e ainda é possível ver a sombra de dezenas deles, à espreita, só esperando um garoto passar cavalgando sua bicicleta.

Contou-lhe a história de quando fora ferido de morte. Todas as pessoas a quem ele conta essa passagem riem gostosamente. Breno não riu, Breno olhou fixamente para a laje no grande sobrado e sentenciou:

- Cara, eu trago essa flecha atravessada no peito desde que nasci. Precisamos quebrar a ponta e retirar.

Precisamos. Ele grifou o verbo, na primeira pessoa do plural. Precisamos.

Não tardou pra ele contar, durante uma sessão em que buscavam alternativas para a medicação, que ele sentia alívio quando desenhava. O terapeuta pediu que desenhasse algo ali, naquele momento. Em alguns minutos surgiu um painel tenebroso e lindo, traços de artista torturado por fantasmas, um mergulho no inconsciente profundo. Impressionante, em todos os sentidos dessa palavra, era o único adjetivo que fazia sentido naquele momento.

Pois combinaram isso, com a avó e com a escola: Breno estaria livre para abandonar qualquer atividade no momento em que sentisse necessidade de desenhar. E ele desenhou e desenhou, e foi estabilizando o humor e a agressividade, e desenhou, e parou de tomar o remédio, e desenhou mais e mais. Uma produção alucinante, que foi sendo reduzida na medida em que as crises da abstinência foram acalmando.

Até que Breno sentiu que estava livre do efeito das drogas, tanto das que a mãe havia usado, quanto as que ele tomara durante quase onze anos. Voltou a sorrir e a sentir que o tambor já não era oco, que havia emoções dentro dele, que podia sentir as paixões e as frustrações e que, se o descontrole tentasse dominá-lo, ele desenharia.

Mas seus desenhos permaneciam belos e sinistros, os monstros do inconsciente ainda o assustavam. Embora o comportamento estivesse praticamente controlado, ele não se sentia – e não estava – curado. Faltava algo para completar a mágica. Embora o progresso tivesse sido maravilhoso, e fosse motivo de comemoração, ainda faltava algo.

Bento foi um dia à escola para verificar alguns casos que acompanhava. Breno estava lá, na educação física. Quando a aula terminou e ele ia voltar pra casa, o terapeuta perguntou se podia caminhar com ele. Andaram pelo bairro, o rapaz orgulhosamente mostrando pontos conhecidos, como se fosse um guia turístico. Pararam na padaria, e ele apresentou a moça do balcão, a moça do caixa, o rapaz que tomava uma cerveja na mesa da calçada. Estava feliz ao seu lado e demonstrava prazer em mostrá-lo às pessoas e até às coisas. Como se dissesse: tenho um psicólogo e ele é meu amigo.

Parou de repente, em frente ao pequeno canal que corta a avenida e perguntou com a força de um chicote:

- O que falta pra eu me curar? Quando vamos tirar a flecha do meu peito?

Sentaram na baixa mureta, lado a lado, sem se olhar. Bento lhe perguntou se ele já se conscientizara que estivera doente aquele tempo todo, ele concordou. Pois então, prosseguiu, agora você já sabe que quem usa droga, não importa se foi o médico que receitou ou o traficante que deu, é doente. Não é marginal, não é mau elemento, mas está doente. Esse foi o drama da sua mãe: estava doente e não conseguia se livrar do vício. Mas, por amor, deixou você em segurança, com alguém que poderia te proteger, e foi se cuidar. Livrou-se do vício e construiu uma vida nova. Tenho certeza de que tem muita saudade de você, porque te ama, mas que também não se dá ao direito de chegar mais perto, com medo de ser rejeitada. Assim é o amor, o medo da rejeição é sempre uma sombra na vida de quem ama.

- Então você só estará verdadeiramente curado quando perdoar sua mãe. Só ela pode remover a flecha do seu peito.

A última sessão do ano foi em dezembro, uma semana antes do Natal. Tomando um sorvete no Shopping, Breno disse que não entendia muito bem o que significava perdoar, então não sabia se perdoara ou não sua mãe. Mas – afirmou com os olhos cheios de água – sei o que é saudade, e já sinto saudade dela.

Pois o terapeuta o aconselhou a ir visitá-la naquele Natal. Se quisesse, se sentisse que não seria capaz, ele até poderia acompanhá-lo. Breno recusou a companhia, iria pensar no que lhe falara Bento. Trocaram um abraço terno do tipo neto-avô, voltaram para o consultório, Bento despediu-se da avó e seguiu a rotina.

Naquela noite dormiu sem fantasmas.

Dois dias depois do Natal, Breno mandou uma mensagem: visitara a mãe, gostara muito do irmão da cadeira de rodas, não sabia dizer exatamente o que sentira, mas não fora tão difícil quanto pensara. Fora tudo muito natural, nas palavras dele. E o tambor? Ah! Ainda tem uns pedacinhos vazios, mas eu acho que é da menina da escola, que não me correspondeu. E a flecha? Já quebrou a ponta, ele respondeu. Eu ia até teu consultório pra você tirar, mas como me disse que só minha mãe poderia fazer isso, vou respeitar sua opinião.

Bento saiu e, no caminho de casa, parou no lugar onde o Apache havia atingido seu peito. Podia jurar que viu Breno, lá em cima, conversando animadamente com os peles-vermelhas. Sonhou que ele estava lá para protegê-lo das flechadas que a vida ainda lhe reservara.

Pela primeira vez na vida não amaldiçoou a falta de rampa naquela calçada.

DOIS E MEIO

Uma flecha atravessada no peito é a sensação mais recorrente de um adolescente. A adolescência é a fase mais conturbada da vida e a que mais insegurança provoca, tanto nos jovens, quanto nos seus pais. Porque a adolescência é o período da vida propício a questionamentos, onde se desconfia que tudo está errado – e com certeza está – e porque os adultos geralmente esquecem que também eles foram adolescentes.

Durante esse período a máscara dos pais da infância é destruída, e por trás dela emergem seres frágeis, que mentem, falham, corrompem, choram, desistem. Na visão do jovem, seus pais são esquizofrênicos, ora dizendo que já um adulto, ora afirmando que ainda é criança.

E ainda tem o ataque avassalador dos hormônios, que fazem explodir a sexualidade. Pais não sabem lidar com a sexualidade, nem a sua própria, que dirá dos filhos. Qual fratura exposta, explode o conflito.

Alguém precisa arrancar a flecha que essas relações quase não relações provocam. Alguém precisa enfrentar os Apaches da laje. Deveriam ser os pais, porque eles são o único livro que seu filho lê.

É preciso que esse livro seja coerente, do princípio ao fim. Eu deveria ensinar os pais a serem o livro que seu filho lê, talvez assim a flecha fosse arrancada do peito de todos eles.

Filhos crescem e, logo que crescem, eles nos julgam. Às vezes eles nos perdoam. O segredo é agir para, ao sermos julgados, possamos ser dignos do seu perdão.

Bento, primavera fria, 1995

TRÊS

Olhando em perspectiva, talvez rolasse um tiquinho de inveja. Um nome pomposo, Roosevelt, que não sabia ao certo se se grafava assim mesmo, uma voz bonita, tipo Elvis, uma inteligência acima da média e uma mãe...aquilo sim era uma mãe, bonita, simpática, apetecível (eita palavrinha horrível!) e, glória suprema! Desquitada!

Não que ela desse bola pra qualquer um deles, nada disso. Mas, se a imaginação sexual do adolescente nem precisa de beleza alheia, imagine com uma deusa que dava conselhos, carinhos e proximidade!

E se vocês estão espantados, somando as exclamações nestes poucos parágrafos, isso é porque não conheceram aquela mulher, deusa suprema entre as mulheres do Catiapoã. E olhem que nem do Catiapoã ela era! E lá se vai outra exclamação, que não dá pra economizar nesses casos.

Além disso, Roosevelt era o melhor entre os melhores no curso de telegrafia da estrada de ferro Sorocabana. Assim que todos atingissem a maioridade, no dia seguinte à maioridade, ele estaria com emprego assegurado. Os outros não, os outros ainda caminhariam muito por estradas de cascalhos e espinhos para conseguir um emprego, uma namorada, uma vida estável. Uma mulher como a mãe do Roosevelt, nem pensar, não só ninguém estava à altura de tal presente, mas, principalmente, não havia nem haveria ninguém como ela.

Bento era um cara de sorte. Além de ter acesso à estação do trem, porque seu pai tinha a chave da cantina, que tinha uma porta voltada para o exterior e outra para o pátio ferroviário, era colega de telegrafia do filho da deusa o que, em teoria, facilitava o acesso à proximidade dela. O que talvez fosse uma desvantagem, porque a proximidade de tamanha beleza, porém absolutamente inacessível, correspondia a tortura medieval para um adolescente feio, magro e extremamente tímido.

Mas o lance aqui é falar de Roosevelt, não da mãe dele. Também a mãe de Bento era bonita, a pele sempre rosada, os olhos azuis como o mar do Itararé, então não deveria cobiçar a mãe alheia. Sem contar que ele era integrante fiel de uma família católica, até com tios padres. Sobre ele, aliás, repousava o desejo materno de manter a tradição e ter mais um padre na família.

Não rolaria, claro, e vocês perceberam porque não rolaria só pela leitura das linhas acima. E não só não rolou, como as vicissitudes da vida acabaram por afastá-lo da religião, de todas as religiões.

Nem os anos de seminário puderam transformá-lo num sacristão, que dirá em um sacerdote.

Bonito, elegante, bom cantor, espadaúdo e cheio de marra, Roosevelt era muito estranho, na estreita e rasa concepção de adolescente normal. Isso nos anos 1960, quando tudo o que não era redondo era considerado quadrado, se fosse hoje Bento entenderia as estranhezas dele, mas naquele tempo? Nem em sonho. Naqueles tempos de calça boca de sino com cintura alta, cinto de fivela do tamanho de uma roda de carro, cabelos longos, sapatos com palmilhas internas para parecer mais alto e gírias tão desatualizadas que, ditas hoje, seriam objeto de estudo de um paleontólogo, ele era estranho. Nas roupas que trajava, nas palavras que proferia, na forma de tratar as meninas, até no jeito diferente de andar.

No Jardim Três Estrelas, onde hoje se encontra um hipermercado, reinava o Clube Hípico. Durante a semana, cavalos e cavaleiros treinavam os saltos sobre obstáculos. Nos fins de semana, até a meia noite de sextas e sábados, um baile juvenil acontecia ao som de bandas locais que imitavam Rolling Stones, Beatles e astros da Jovem Guarda.

Como a escola em que estudavam, o Vidrobrás, que hoje foi rebatizado de August de Saint Hilaire ficava embutida na Vila Sorocabana, uma vila de casas habitadas por trabalhadores da estrada de ferro, quase todas as pessoas que lá estudavam constituíam praticamente uma grande família, com agregados como Bento, que não morava na Vila, mas a poucos metros dela. E essa família estendida podia freqüentar os bailes do Hípico porque os pais de uns confiavam nos filhos dos outros.

Eu acho que só confiavam porque não tinham o poder de adivinhar os pensamentos de alguns deles. Porque, se pensamentos libidinosos pesassem, aqueles jovens, (ou pelos menos Bento, que não dá falar pelos outros), sequer conseguiriam arrastar sua louca e libidinosa cabeça pelas ruas.

No baile a timidez meio que desaparecia. A penumbra do salão e a escuridão do entorno, mais a iniciativa de algumas meninas, sempre terminavam com umas danças coladas e, com sorte, uns amassos e beijos lá fora. Eram tempos da brilhantina, com seus toques de romantismo e início da modernidade, quando as meninas tentavam se libertar dos grilhões do machismo e do paternalismo e, de alguma forma, os garotos ganhavam pequenos bocados dessa liberdade fugidia.

Daí que todos acabavam se dando bem, uns mais outros menos. Menos Roosevelt, o mais assediado pelas meninas, mas sempre negando qualquer proximidade com elas. Os garotos gostavam daquilo, afinal uma menina rejeitada aceitaria dançar com alguém menos atraente. Bento não, Bento estranhava e às vezes até se preocupava: ele não só era seu amigo, colega de escola e de curso de telegrafia, ele também tinha a mãe mais bonita, simpática e carinhosa de todo o planeta.

Muitas vezes ele se surpreendia pensando em Roosevelt: qual seria o segredo daquele garoto? Estaria ligado à ausência do pai? Ninguém sabia nada sobre o pai dele, só desconfiavam que era, ou fora, ferroviário, já que eles moravam na Vila, mas nunca ninguém vira um homem adulto entrar naquela casa.

Bento, o sortudo, tinha acesso à casa, porque eles compravam na cantina do seu pai, uma espécie de mercearia/mercadinho/tem tudo, e Bento ajudava a mãe de Roosevelt a levar as compras. Aquele detalhe fazia dele o rei da cocada preta, o grande soberano da Vila Sorocabana, assoberbado como nunca e como ninguém.

Além disso, seu pai tinha um curioso sistema de vendas a crédito: os fregueses tinham uma caderneta onde eram anotadas as compras, que pagavam no fim do mês. Só que as cadernetas ficavam em poder dos fregueses, cada um levava a sua pra casa, somava no dia do pagamento e levava o dinheiro pro seu pai. Imediatamente, sem sequer conferir, ele rasgava as folhas com as contas e recomeçava o processo. Acho que, como a mãe do Roosevelt era viúva, ou coisa semelhante, o pai de Bento não anotava o consumo de Roosevelt na caderneta. E ele consumia, porque o curso de telegrafia ficava dento da própria estação, e ele tomava o lanche na cantina todos os dias.

Havia entre os dois uma espécie de sentimento fraterno nunca externado, algo que não podia ser explicado, mas que os fazia cúmplices em algum nível. Mas era de mão única: Roosevelt conhecia alguns segredos de Bento, Bento nem sabia quem ele era, do que gostava, o que fazia. Tipo decifra-me ou te devoro. Talvez seu pai percebesse esse vínculo e tivesse adquirido algum tipo de afeto paternal por Roosevelt, já que Bento era o único filho homem entre tantas irmãs.

São Vicente é uma ilha com um grande território continental. Era maior ainda àquela época, quando Praia Grande era um bairro da cidade. Duas pontes ligavam a ilha ao continente (hoje são três): no lado sul, a Ponte Pênsil, cartão postal da cidade, pendurada sobre o mar por cabos de aço, passagem dos barcos pesqueiros e iates que singram do oceano para o Porto das Naus, local onde nasceu o Brasil; no lado oeste, a Ponte dos Barreiros, presa ao mar por potentes colunas de concreto que a sustentam. Por ela passavam os trens, vindos de todos os lugares e seguindo para o porto de Santos.

Antes da Ponte dos Barreiros, na área continental, havia uma grande fazenda federal, o Quarentenário. Ali ficavam os bois em quarentena. Eles vinham das fazendas do interior, vivos, e seguiam para o matadouro municipal, um grande, belo e sinistro edifício onde hoje está o SESI, na Nossa Senhora de Fátima. Boiadeiros e cavalos viajavam com os bois para cuidar deles no Quarentenário, separar os que ficavam doentes e seguir com eles até o matadouro. A gigante composição ficava no pátio da estação de São Vicente um ou dois dias, à espera de espaço no matadouro, e os boiadeiros dormiam no último vagão. Alimentavam-se na cantina. Faziam amizade com Bento, um adolescente que nascera na zona rural, em meio a bois e que não tinha medo deles.

Ganhavam um dinheiro extra para recuperar bois que fugiam, mas poucos fugiam: os vagões eram fortes, fechados. Propuseram um bom negócio: na surdina da noite, Bento libertaria alguns bois, e eles lhe pagariam pelo "trabalho". Foi sua primeira experiência no crime organizado, mas ganhava o suficiente para comprar seus gibis e ir ao cinema todos os domingos. Roosevelt cobria as incursões noturnas e os crimes. Era um túmulo, como se dizia, nada sairia da boca dele. Em troca, às vezes iam ao cinema juntos, com um bando de moleques em busca de lazer no cine Maracanã, tão grande quanto o estádio que lhe emprestou o nome.

Maio, junho e julho, meses frios, eram os melhores para a pesca de mariscos: os garotos amarravam uma corda à cintura, a outra ponta em alguma viga da ponte dos Barreiros e, com um canivete, arrancavam os mariscos das vigas e enchiam o saco que levavam também amarrado à cintura. Roosevelt ia às vezes, mas nunca entrou na água com eles. Dizia que não sabia nadar, que a água era muito fria, que esquecera o canivete, qualquer desculpa, mas jamais entrava. Eles voltavam com sacos cheios de mariscos, dividiam com ele e aceitavam o fato de que ele tinha medo de água. Afinal, como reclamar de alguém que, no sufoco, dava cola na prova?

No último dia de aula do mês de junho, antes das férias, uma nuvem agourenta de chumbo cobriu a escola, a Vila Sorocabana, o Catiapoã, o pátio dos trens, a cidade e o mundo. Podia-se sentir o peso do ar, a presença da dor. Na calada da noite anterior, Roosevelt fora até a ponte, amarrara uma corda na cintura, uma grande pedra na outra ponta e se atirou. Deixou uma carta na mesa da cozinha, endereçada à mãe, que poderia ficar para sempre em segredo, mas que ela não permitiu: no pátio quadrado da escola, a diretora reuniu alunos e professores e leu em voz alta a carta que ele deixou, e que a mãe pediu para ler. Ninguém conseguiria hoje reproduzir todo o teor da carta, mas ninguém esqueceu o que estava escrito lá: ele não podia mais viver em meio a uma sociedade perversa que condenava pessoas por causa da sua identidade sexual. Lembrou, na carta, o assassinato de Margarida, um carteiro homossexual que foi sodomizado e morto com espetos de churrasco no Parque Prainha, a ponta continental da Ponte Pênsil.

Saía do armário direto para o fundo do mar porque não acreditava que seus amigos compreenderiam e aceitariam sua homossexualidade, e deixava um legado, o mais forte e pungente, para que, por ele, para honrar sua memória, eles se esforçassem para mudar o mundo. Escreveu com sangue e água salgada o epitáfio, que não seria possível esquecer.

A diretora terminou a leitura com um pedido de longo silêncio. Depois convidou a todos para uma oração. Bento saiu furtivamente antes do começo da oração, foi correndo pra casa, enfiou o rosto no travesseiro e chorou até que secassem as lágrimas. Não foi ao enterro, não voltou à casa da mãe do amigo que, aliás, foi embora logo depois. Não retornou ao curso de telegrafia. Nunca mais pescou mariscos naquela ponte. Nunca mais soltou bois.

Nunca mais viu aquela mulher linda e simpática que esgotou todas as exclamações. Não foi capaz de avaliar o sofrimento que ela carregava, a dor que ficou. Conseguiu, talvez, avaliar a coragem de uma mãe que, no momento mais trágico da vida, foi capaz de levar a carta até a escola, para que fosse lida e servisse como um hino contra a homofobia. Ficou mais linda ainda para Bento e para todos.

Bento não se lembra de ter sorrido depois desse episódio, mais de cinqüenta anos depois, não se lembra de voltar a sorrir com a alma, seus raros sorrisos são só um esgar de lábios que se contraem. Não que não tenha encontrado momentos felizes, prazeres, filhos, o amor. Só deixou de sorrir, só isso.

Desde muito cedo acalentou a ideia de que cada um de nós tem uma vida, e faz com ela o que bem entender. Suicídio é um direito pessoal e intransferível, ele mesmo pensava em praticá-lo pelo menos uma vez por mês. Escolher entre viver e morrer é do livre arbítrio. Não julga quem deseja viver, nem quem deseja morrer. Roosevelt tirar sua própria vida não era e continua não sendo da sua conta, revisa sempre a relação e conclui que jamais desconsiderou seus silêncios e suas escolhas. Agradece em silêncio sua cumplicidade, que o livrou de alguns problemas. Aprendeu com ele que o silêncio e a solidão são os melhores companheiros que podemos ter.

O que o incomoda, que o fere, que o destrói, é o motivo pelo qual ele escolheu morrer, ninguém deveria ser obrigado à infelicidade por causa de uma identidade sexual, é perfeitamente normal ser diferente.

Cinquenta e tantos anos depois, querido Roosevelt, e nada mudou. Vocês continuam sendo mortos por preconceituosos homofóbicos, continuam tendo que tirar a própria vida com medo de torturas excruciantes. Mas seus poucos amigos mudaram, cara. Foram pra luta. Sãos poucos, mas são teimosos, carregam a força que você lhes deu naquela carta de despedida que lhes escreveu.

Talvez não tenha sido, afinal, a flecha do Apache que atravessou seu peito que fez com que Bento buscasse ser psicólogo. Talvez tenha sido Roosevelt.

TRÊS E MEIO

Um suicídio nunca é um ato solitário, perpetrado por um indivíduo solitário, ele tem sempre a participação, presente ou pretérita, de mais indivíduos, porque ninguém tira a própria vida por mero prazer. Em geral, não é só sofrimento narcísico, mas a certeza de que a morte coloca um fim também no sofrimento alheio.

Um suicida toma a decisão drástica, final e irreversível para salvar outra vida. Saindo de cena, conclui, as pessoas que vivem ao seu lado e que parecem ter sofrimento maior que o dele, porque assim o demonstram, podem libertar-se e encontrar a felicidade.

A religião condena o suicídio, como se à pessoa não fosse dado o livre arbítrio e o direito ao seu corpo. Não deveria: suicida não é só o que se mata, mas também aquele que, podendo se salvar, escolhe morrer passivamente.

Jesus também cometeu suicídio. E também, dizem, foi para salvar outros. E também não foi um ato solitário de um sujeito solitário: teve ajuda, teve incentivo e teve companhia. Pensar no suicida como alguém que se sacrificou para nos salvar não só ajuda na compreensão da vida e da morte, também ajuda a completar o processo de luto.

Bento, inverno atroz, atroz, 1957

QUATRO

"A mente de dona Palmira tinha as formas do purgatório"

Bento preparava o almoço quando a secretária ligou: um homem fazia questão de ser atendido com urgência. Sua voz, dizia ela, era de súplica, como se realmente não fosse possível esperar mais nenhum segundo. Intrigante para um psicólogo, não médico ou bombeiro e, embora estivesse acostumado com pedidos de consultas para o dia seguinte, uma solicitação dessas era rara, talvez inédita. A própria secretária, acostumada com pedidos de encaixes o mais rápido possível, sentiu na voz do homem que aquele era um caso para ser levado a sério.

Por isso, ela insistiu, ligou pra ele, mesmo consciente de que interrompia o tempo de lazer que fazia questão de se assegurar: colocar o avental e praticar a magia de transformar carnes, verduras, legumes e frutas em manjar dos deuses para os que amava. Embora, naqueles tempos, apenas seu filho morasse com ele e, como para castigar sua soberba por cozinha, só se alimentava de frango grelhado, arroz e batatas fritas.

Enfim, concordou em recebê-lo. Marcaram para meia hora depois. Parecia ser necessário sacrificar o ritual do avental e fogão para atender aquele homem. Era.

Quando chegou ele já estava lá, e não estava sozinho: sentada em frente a ele, uma senhora magra e curvada, olhos cravados no chão, os cabelos imaculadamente brancos e mal cuidados, as mãos entrelaçadas com se orasse, vestido preto, sapatos também pretos, nenhum adereço, nem brincos, nem pulseiras, nem colar.

Sempre repara na pessoa que vai atender, cada detalhe é importante, e muitas vezes antecipa palavras que vai ouvir assim que a porta se fechar. O corpo não só fala, o corpo tatua as marcas das dores passadas. E quando as marcas ficam muito visíveis, é porque a alma, de tão sofrida, quer se mostrar, implora por socorro, grita através dos alto-falantes das marcas corpóreas.

Entendeu imediatamente que o homem que precisava de atendimento urgente na verdade não precisava. A mulher, sim. Dispensou a secretária, fechou a porta principal e entraram no consultório. O casal sentou-se lado a lado, ele deu as boas vindas e o homem se apresentou, depois apresentou a mulher: "Palmira é minha esposa, ela precisa muito de ajuda e eu não consegui esperar, desculpe".

Um profissional menos experiente veria sinais claros de depressão no comportamento daquela mulher. Bento viu mais, muito mais: aquela mulher carregava uma dor muito maior do que as que nos empurram no grande precipício da depressão. Uma enorme interrogação, asseverada pelo quase mutismo e pela resistência em interagir com ele.

Apenas o homem falava, por mais que ele insistisse, ela permanecia calada.

Um drama familiar, pela descrição do homem: tinham um filho policial trabalhando numa cidade do grande ABC, em São Paulo. Não disse o nome da cidade, mas repetiu algumas vezes "o senhor deve saber, saiu nos jornais, nas rádios e nas TVs". Por algum motivo nunca sabido, o filho matou sua mulher e em seguida se suicidou com um tiro na boca. Isso na sala de casa e diante do enteado mais velho, um adolescente de quatorze anos. Tinha ocorrido quase seis meses atrás, e o homem já tinha resolvido todas as pendências que restam nessas tragédias, incluindo o translado do corpo do filho para o cemitério local.

Pessoas simples, de trato afável, vindos do Nordeste, eles tinham trabalhado muito para construir um patrimônio pequeno, porém confortável. Deviam ter cinqüenta e poucos anos, talvez sessenta, não perguntou, jamais fazia perguntas pessoais, além do nome, aos novos clientes, preferia ir descobrindo durante o processo terapêutico para ser menos invasivo. Eles tinham também uma filha, jovem adulta, que morava com eles e que os ajudara durante o grande trauma da morte do filho.

O homem lutava contra um câncer, que regredira, mas recuperara as forças porque ele interrompeu o tratamento para cuidar das coisas do filho morto. Depois de fazer o luto, voltara ao tratamento e sentia-se melhor. Disse que ele superara o incidente, que já absorvera todo o golpe e que cuidava do bem estar dos dois filhos da nora, que considerava netos, embora eles tenham preferido ficar com a avó materna. Visitava-os sempre, trazia-os quando podia para alguns dias com eles, cuidava das necessidades materiais deles.

Ainda trabalhava como serralheiro, fazendo trabalhos avulsos para construtores da região. Eles frequentavam uma igreja evangélica, acreditavam em Deus e tentavam seguir o que ensinavam as escrituras sagradas. Uma vida simples, sem grandes expectativas ou aventuras. Tudo isso nas palavras dele.

E por que buscaram um psicólogo? Por que tinham tanta urgência? Porque, disse ele, estava preocupado com a mulher, que entristecera e vinha tendo ideias malucas de suicídio. Falou num repente e chorou: "não quero perdê-la, não suportaria ficar sem ela, preciso que o senhor nos ajude". E onde encontraram seu contato? "Lá no bairro, nós moramos na Vila Margarida, seu nome é muito conhecido, alguns falam por lá que o senhor fez milagres com alguns jovens de lá, então colocamos nossas esperanças nesses seus milagres. Não somos jovens, mas pensamos que poderia também fazer um milagre pra nos salvar. A Cidinha nos deu seu telefone, e eu liguei achando que não ia nos atender tão cedo. Ainda bem que nos atendeu".

A mulher balbuciou, sem levantar os olhos: "eu acho que esse foi o primeiro milagre, o senhor nos atender tão rápido".

Marcaram um horário para dias depois, Bento acompanhou-os até o elevador e arriscou um abraço fraterno, primeiro no homem, que correspondeu, depois na mulher, que permaneceu passiva, dura, sem expressão. Sabia que eles voltariam, que ela adiaria os planos do suicídio, e sabia apenas pelas únicas palavras que proferiu durante o encontro: poderia ser o primeiro milagre.

Voltaram no dia e hora marcada e trouxeram a filha com eles. Mais um encontro de família, só que daquela vez apenas a filha falou, embora o foco tenha continuado o mesmo: a preocupação com a mãe e suas ideações suicidas.

Sublime ironia: o infinito drama que envolvera o policial que matou a mulher e se matou logo após, e que foi motivo de reportagens de jornais televisivos durante uns dias, tornando o caso de repercussão nacional havia sido temporariamente superado, ou pelo menos estava suspenso, por um drama que se apresentava ainda maior: a possibilidade da mãe seguir os passos do filho.

Pai e filha mudaram radicalmente a rotina, ajudados pelo namorado da moça, para exercer vigilância contínua sobre os atos da mulher depressiva e potencial suicida. Todos pararam suas vidas na tentativa de preservar outra vida, e mesmo assim não tinham certeza de que iriam conseguir. Ao cabo, recorreram ao psicólogo, não em busca de ajuda, mas de um milagre. E o simples fato de que buscavam o milagre num psicólogo indicava que, apesar da religiosidade e das crenças no divino Senhor, já haviam tirado das mãos do Deus em que acreditavam o ato do desejado milagre.

Esse importante detalhe poderia conter não só a resolução do segredo que aquela mulher calada mantinha, mas também a solução do problema que afligia a família. Em outras palavras: as preocupações de pai e filha eram diferentes das preocupações da mulher. Enquanto eles perdiam o sono por causa dos planos sinistros da mulher, ela perdia o sono por motivo diverso. Enquanto para eles a morte dela seria o fim, para ela seria a solução do problema que a assaltava.

Restava ao terapeuta convencer aquela mulher a falar para tentar solucionar o enigma e, a partir disso, encontrar um motivo em que ela pudesse acreditar, portanto verdadeiro, que a ajudasse a resolver seu problema sem ter que morrer. E a solução teria que envolver o que de mais sagrado lhe sobrava, justamente sua religiosidade.

Mesmo que essa religiosidade tivesse sido abalada pela crença de que Deus tudo vê e de tudo cuida, e que vida e morte são monopólio dele.

Bento tomou a decisão de, a partir da próxima sessão, e durante algumas outras, atender cada um deles num dia diferente. Uma decisão atípica até para ele: atender três pessoas da mesma família, que moravam na mesma casa e envolvidas num drama comum, mas individualmente. E decidiu assim porque percebeu que se oferecesse o atendimento apenas para a mulher, ela não concordaria, porque estava convencida que toda a família passava pelo mesmo drama, embora apenas ela tenha atinado com a solução. Mas, por outro lado, se não pudesse ficar a sós com ela jamais elucidaria seu segredo.

E assim foi feito, apesar dos riscos provocados pela atípica decisão. Que, felizmente e para seu alívio, mostrou-se correta em pouco tempo.

Durante a sessão individual, a mulher finalmente falou. Muita coisa represada, mágoas antigas do marido outrora abusivo, da vida sofrida durante a infância e a juventude, filhos rebeldes, traições, desenganos. Uma vida tão carregada de sentimentos frustrados que culminou com a maior de todas as perdas, a do filho amado, justamente na época em que ela encontrara um rasgo de paz e de reconhecimento do seu valor como esposa, mãe e mulher, e o filho finalmente estava seguindo uma carreira estável, com um relacionamento que parecia bom.

O câncer do marido o transformou e, no arrasto, transformou também a relação que sempre fora de conflitos, muitas vezes ocultos, outras vezes ocultados, mas sempre presentes. Achava que a visão da morte iminente que o câncer confere colocou um fim aos abusos psicológicos e às traições amorosas.

Sentiu-se inteira pela primeira vez na vida e, quando estava sinceramente convencida de que seria assim para sempre, veio a notícia do assassinato, do suicídio, da tragédia enfim, e seu mundo voltou a ruir. Suportou porque tinha se fortalecido antes. Se tivesse sido em tempos anteriores, teria sucumbido no dia da notícia. A própria notícia foi impactante: assistindo TV.

Num desses momentos em que ela falava do filho, da juventude sem rumo, do abandono da escola, da busca por um caminho, da entrada para a polícia e de todos os sobressaltos que ele lhe causara, um pensamento assombrou Bento: diante de uma mãe fragmentada, sem energia para viver, lembrou da mãe do Roosevelt. Como estaria ela diante da fatalidade que esta mulher enfrentava? Teria tido o apoio de alguém? Teria vivido ou se deixado morrer?

Há alguma chance, por mínima que seja, para que uma mãe que perde seu filho nessas circunstâncias reconstruir, seguir pela estrada, voltar a viver? Ou, como deseja esta mulher, também aquela mãe tenha desejado morrer? Terá conseguido?

Atormentado por todas essas dúvidas, ao mesmo tempo em que o arrependimento tomou conta dele por não ter procurado a mãe do Roosevelt, decidiu perguntar àquela mulher em que momento exatamente os pensamentos suicidas lhe invadiram a mente, e sua resposta trouxe a luz: numa tarde em que o marido e a filha precisaram sair, antes que as ideias de morte começassem, uma vizinha foi visitá-la. Era uma boa e antiga amiga, quase comadre, que professava a filosofia espírita, pelo que me disse. Essa amiga lamentou o ocorrido com o policial e lamentou mais: pela compreensão dela, pela filosofia que seguia, pessoas que se suicidam permanecem num limbo infinito, jamais suas almas descansarão, elas vagarão para sempre na escuridão.

Foi quando lhe veio a ideia: se ela também se suicidasse, o filho não estaria sozinho nessa infinita escuridão, ela estaria com ele e seguiriam para sempre consolando e protegendo um ao outro.

Bento levou esse conteúdo para casa e reservou, atormentado, horas e horas tentando não só compreender, mas argumentar com racionalidade, dentro da crença que preencheu a alma daquela mãe, para libertá-la da obsessão. Racionalização que, obrigatoriamente, teria que passar por libertar o seu filho da escuridão eterna. Voltou aos tempos de seminário, releu trechos bíblicos, mergulhou em Kardec, procurou ajuda em Lutero, pensou em ressuscitar Freud, qualquer coisa que lhe trouxesse o pálido tremor de uma vela acesa serviria para clarear seus pensamentos, mas nenhum deles lhe respondia satisfatoriamente.

Se tivesse decidido procurar a mãe do Roosevelt, e ele tivesse lhe contado a mesma história de suicidas e da eterna escuridão, o que ela lhe diria? Precisava saber, era ela sua primeira paixão platônica, não poderia decepcioná-la. Por que diabos não a procurou? Ela teria lhe fornecido a resposta que precisava naquela hora e que não tinha porque havia sido covarde.

Sua covardia matou até as exclamações, que se foram com Roosevelt e sua mãe. Agora, só restavam interrogações. Só interrogações.

Duas sessões depois, Bento pediu que a mulher se deitasse no divã, e colocou-se na posição clássica da psicanálise, ao lado da cabeça dela, para que pudesse observar suas reações, mas ela não visse as dele. Disse-lhe que falaria durante um tempo, e que ela deveria prestar atenção, sem interromper, mesmo que suas palavras não soassem bem ou fossem estranhas a ela. Ela concordou.

Então ele refez a cena daquela sala onde se concretizou a tragédia com o filho e a nora dela: algo havia acontecido, jamais saberemos o que, mas era certo de que o policial perdera a razão momentaneamente; fora de si, discutiu com a mulher e, instintivamente, como fora treinado na profissão, sacou o revólver. Por ser sua mulher, e por estar acostumada ao caráter pacífico dele, ela não acreditou que ele iria atirar. Sem controle emocional, ele apertou o gatilho e acertou a mulher. Ela caiu, o garoto fugiu assustado, e o policial voltou a si. Consternado, tentou estancar o ferimento, ressuscitá-la, exatamente como fora treinado na profissão. Não teve êxito e percebeu o que havia feito: matara a mulher da vida dele. Sem saída, e agora consciente do que deveria fazer, ele decidiu fazer justiça. Aquele que tirou a vida da mulher dele deveria pagar na mesma moeda.

Foi o que ele fez: não um suicídio, como parecia, mas a execução de uma justiça, mesmo que em forma de vingança. Um policial que dedicara a vida a encontrar assassinos, prender assassinos, estava ali de frente para um, e precisava agir. Agiu atirando no assassino confesso. Não foi suicídio, foi uma vingança, ou legítima defesa, compreensível para quem acabava de ver sua mulher morta ali, aos seus pés. Um caso clássico de cisão de personalidade, causada pela forte emoção do momento.

Não podia garantir onde está neste momento a alma do policial, nada entende de morte e de almas. Talvez esteja frente a frente com o juiz, mas não será julgado hoje, nem amanhã, ficará aguardando o julgamento, que só virá no dia do juízo final quando, de acordo com as escrituras, Deus irá julgar os vivos e os mortos. Ou seja: todos nós. Até lá, os mortos continuarão mortos, alguns vivos morrerão e alguns vivos ainda estarão vivos, mas todos, sem exceção, serão julgados, absolvidos ou condenados, no mesmo dia. Enquanto não chegar esse fatídico dia, caberá aos vivos tentarem permanecer vivos, até que a mão da morte venha buscá-los.

De olhos fechados, a mulher ouviu tudo o que ele falou sem mover um músculo. Depois que ele encerrou a fala, o corpo dela relaxou, deixou cair os braços ao lado do corpo e chorou. Sem soluços, sem ruído, apenas água rolando pelas faces, duas fontes que finalmente se abriam e deixavam sair as dores acumuladas por tanto tempo. Depois lentamente ela se sentou e, altivamente, enxugou o rosto com o dorso das mãos.

Ele deslizou a cadeira até a escrivaninha, e ela se levantou logo depois. Num impulso, abraçou-o com a força de quem abraça um filho. Sem dizer uma palavra sequer, abriu a porta, deu a mão ao marido que esperava na sala de espera e saiu. Ele ficou olhando para Bento, sem compreender nada, hesitando entre seguir ou voltar. Bento acenou um adeus com as mãos, e o homem ousou sair, mãos dadas com a mulher.

Voltaram na semana seguinte, na hora marcada. Os três. Pediram para entrar juntos no consultório e, lá dentro, ela agradeceu. A sessão não durou cinco minutos. Ela lhe disse, em nome de toda a família, que mentiram pra eles quando disseram que ele fazia milagres.

- O senhor, doutor, não opera milagres. O senhor é o milagre.

- Não, querida, não sou eu que vos curo, é a vossa fé. Assim disse Jesus, e assim é.

Quando eles se foram Bento se sentiu uma fraude: como pode um homem que perdeu essa fé, que já não crê em Deus, que apenas tenta seguir o caminho certo e cuja única fé é nos seres humanos, não em deuses ou santos, citar Jesus? Um ateu usando o deus dos judeus para preservar uma vida que a própria mulher não queria manter era a suprema ironia.

Não, a suprema ironia repousava noutro fato: o homem que acreditava que as pessoas são donas do seu corpo e da sua vontade, e que o suicídio é um direito inalienável não permitira que aquela mulher concretizasse seu desejo.

Precisava ligar pra Leinir, precisava urgentemente de terapia.

Perdoa, Freud, ele não sabe o que diz.

QUATRO E MEIO

O português castiço que Camões e Gil Vicente usavam tinha duas palavras para significar o porvir: destino e fado. Fado é tudo aquilo que está previsto para o seu futuro e que você não pode mudar. Morte, por exemplo: querendo ou não, seu fado é morrer. Destino é tudo aquilo que está previsto para o seu futuro e que você pode mudar, com palavras ou ações: casar, ter filhos, estudar, morar na cidade ou no sertão.

A sua mente, entretanto, pode enganar você, e forçá-lo a acreditar que algo que é simples destino pode ser fatídico fado. Você é o que você pensa que é, não o que você realmente é, e o que você pensa pode construir ou pode destruir você. Se você confundir o que lhe está destinado com o que está fadado a acontecer, você está se compelindo a falhar e se destruir.

Também o outro não é o que é, mas o que pensamos que ele é. Nesse sentido, um homem não deixará de existir enquanto estiver na lembrança de alguém. Essa é a imortalidade. Que premia igualmente pessoas boas e pessoas más: da mesma forma que sua lembrança torna imortal aqueles a quem ama, assim também imortaliza a quem odeia. Porque não os esquece, e aquele que não é esquecido jamais morre.

Não existem maneiras seguras de esquecer as pessoas que queremos manter vivas, a menos que também decidamos morrer. Enquanto não morremos, precisamos encontrar maneiras de continuar vivendo sem as tormentas que nos trazem os mortos.

Uma dessas maneiras é descobrir que existe fado e que existe destino, e que há uma diferença sensível entre os dois, e que, na etimologia do português castiço, só um acontecimento é fado, todo o resto é destino.

Suicídio é morte também, mas não é fado, entende?

Enquanto o fado não te pega, o teu destino pode mudar. Pois então mude!

Bento, verão escaldante, 1988

CINCO

O navio zarpou do porto de Vigo no segundo dia de maio. Mesmo à distância, porque o porto não tinha calado e era preciso caminhar por uma longa ponte, ele parecia gigante, o menino nunca tinha visto nada igual.

No dia seguinte, em alto mar, ele iria lhe parecer uma casca de noz. Mas naquele momento, sua suntuosidade lhe deu segurança e conforto.

Enquanto caminhavam pela ponte, em direção ao navio, Mamá Maria, sua avó paterna, pequenina e imóvel dentro do seu eterno vestido preto significando o luto por um marido vivo, que partira e não mais dera notícias, acenava com um lenço imaculadamente branco, que ela guardava com zelo para ocasiões especiais, como nascimentos, casamentos, batizados ou enterros.

Ou para a despedida de seus entes queridos, como fizera quando, anos antes, seu filho também partira. Por ora mandara chamar mulher e filhos, e aquela pequena mulher ficaria irremediavelmente só, com suas ovelhas, lembranças e galinhas.

A figura daquela mulher, cabelos longos pretos, vestido, meias e sapatos pretos contrastando com o lenço branco marcou a memória do menino para sempre. Em toda despedida, a partir daquele dia, ele via sua figura frágil acenando o lenço.

O barco parou em algum ponto das Ilhas Canárias, mas ele não percebeu, ainda estava tentando adaptar-se a um camarote onde viajava com a mãe, três irmãs e um primo mais velho, mas ainda adolescente, a caminho do paraíso chamado Brasil, onde seu pai os esperava. Dezessete dias em que sua mãe, mareada, vomitou duas ou três vezes ao dia. As meninas tentavam consolá-la e cuidá-la. Ele, menino curioso, andava pelo barco em busca de novos aprendizados, sob a tutela cuidadosa do primo maior.

Foi no terceiro ou quarto dia que conheceu um marinheiro que jogava xadrez. Ficava ali, fascinado, tentando decifrar os movimentos daquelas peças estranhas, até que o marinheiro, percebendo seu interesse, se dispôs a ensinar os rudimentos do jogo. Foi aprendendo os movimentos, então voltava lá todos os dias na hora do jogo. O resto do grande navio repentinamente perdera o interesse.

(Doze anos depois passou na praça central da cidade e viu umas pessoas jogando xadrez. Lembrou-se dos ensinamentos do marinheiro, e parou para observar. Alguém perguntou se ele queria jogar e impulsivamente disse que sim. Sentou, jogou e ganhou, nem sabia como. O dono da banca de jornal, que organizava os jogos, perguntou se ele queria se inscrever para o campeonato que se iniciaria alguns dias depois. Novamente por impulso ele se inscreveu. Dois meses depois foi campeão, o primeiro campeão da cidade. O marinheiro, se ficasse sabendo, ficaria orgulhoso do seu pupilo).

Quando o navio fez a segunda e última escala antes de atravessar o grande oceano, em Cabo Verde, ele teve sua primeira grande experiência na vida: também lá o navio ancorava longe da costa, e um barco trazia e levava pessoas que embarcavam e desembarcavam. Dezenas de pequeninos barcos cercaram o navio. Neles, crianças e homens de dorso nu, todos absolutamente pretos, acenavam. Os passageiros jogavam coisas ao mar, como chocolates, e eles mergulhavam, trazendo de volta nas mãos gloriosas o presente que lhes fora oferecido.

Nascido numa aldeia perdida nos montes galegos, onde não havia luz ou água encanada, e a agricultura era de sobrevivência, e onde todos eram parentes de todos, ele não sabia que existiam seres humanos não brancos. Daí o choque: quem eram aquelas pessoas? Por que suas peles era assim escuras? Nadavam e mergulhavam como jamais havia visto, seriam peixes?

Envergonhado por não saber, já que todos em volta não pareciam surpresos, guardou o segredo do espanto. Mas não resistiu, e no dia seguinte timidamente perguntou ao marinheiro do jogo de xadrez. Ele o levou à casa de máquinas e o apresentou ao maquinista chefe, um homem alto, forte e negro, com um sorriso de dentes de marfim. O maquinista adivinhou seu espanto, e lhe explicou que havia no mundo peles de várias cores, que o branco não era o normal e que todos eram seres humanos, cada um com suas características. Havia, dizia ele, peles brancas, pretas, amarelas, vermelhas, só dependendo do lugar de origem da pessoa.

Como estava indo morar no Brasil, seria bom aprender essas coisas, porque em nenhum outro lugar do mundo havia tanta gente diferente, de cores diversas, convivendo em harmonia e dividindo escolas, ruas e trabalhos.

- Quem sabe, menino, ele completou, você não é o sujeito mais sortudo do mundo e um dia se apaixona por uma mulher preta.

Contou à mãe e às irmãs sobre a conversa com o maquinista, e sobre vir a se apaixonar por uma mulher preta. Sua mãe perguntou se ele sabia o que era "se apaixonar", ele disse que não. Perguntou se sabia como era uma mulher preta, e só então percebeu que não, não sabia, nunca tinha visto uma. E ela lhe disse que era uma mulher igualzinha a todas, com pernas, braços, coração, olhos e sentimentos, e que a cor da pele não tem importância quando se gosta de alguém. O menino gravou na mente as palavras da mãe.

Quinze dias depois da partida do porto de Vigo o navio aportou no Rio de Janeiro. Duas tias que ele nem conhecia os esperavam. Passaram o dia e a noite com elas e, no breve passeio que fizeram pelo porto gigante, viu homens, mulheres e crianças pretas, muitas pessoas pretas, e pode conferir o que o maquinista e a mãe lhe tinham dito: eram pessoas iguais a todos, apesar da cor de pele diferente. O Rio de Janeiro já era lindo e as pessoas que trafegavam pelas ruas também.

Pensou que sim, poderia um dia se apaixonar por uma mulher preta, elas eram lindas.

Finalmente, dezessete dias depois da partida chegaram a Santos. Seu pai os esperava, olhos radiantes de felicidade. Botou-o de cavalinho no pescoço, pegou duas pesadas malas que traziam e caminharam para fora do porto. Mais uma surpresa: um longo e ruidoso trem cortou seu caminho, e ele ficou ali, admirado com a tecnologia da cidade grande.

Seu pai colocou todas as malas numa carroça puxada por um belo cavalo, que um homem comandava sem nenhuma elegância, e chamou um táxi para levá-los ao destino final.

Ele nunca tinha andado de carro, nem sabia como funcionava aquilo, embora já tivesse visto alguns em Vigo, mas insistiu para ir de carroça, a visão do cavalo e do carroceiro o enfeitiçou. Depois de uma breve negociação entre seus pais, eles concordaram, e lá foi ele, sentado ao lado do seu Teixeira, um homem boníssimo que falava uma língua estranha, mostrando tudo pelo caminho, e que também não entendia nada do que o menino falava, mas escutava como se compreendesse

Ou será que compreendia?

São Vicente os esperava. Uma casa simpática, de arcos circundando o pátio externo, árvores frutíferas que ele nunca tinha visto, como caramboleira e abacateiro, um quintal enorme com uma mata nos fundos e – glória das glórias – um muro de bananeiras separando o quintal deles do quintal do vizinho.

O muro de bananeiras marcou sua infância. Para o prazer, em forma de bananas que não parava de comer, e em forma de dor, quando inadvertidamente, de peito nu, encontrou uma colméia, as abelhas não aceitaram a intromissão e o transformaram numa massa disforme e quente.

Naquela casa no número 200 da Canrobert, grudada na Vila Sorocabana, ele aprendeu tudo o que alguém precisa para sobreviver em qualquer ambiente. Naquela casa viveu tudo o que alguém precisa. Todos os anos do resto da sua vida seriam acessórios, modelados pelos anos de infância que lá passou. Seu primeiro amor e sua primeira desilusão passaram-se ali. E ali aprendeu a maior lição que um homem precisa conhecer, através da paciência e sabedoria do seu pai: um pai tem que estar presente em todas as primeiras vezes da vida dos filhos.

Naquela casa ele adolesceu e, até por causa da representação que ela tinha para aquele garoto, a casa e a adolescência jamais sairiam dele. Torcia para que permanecesse até que não estivesse mais no plano terrestre: não há nada mais intenso do que a adolescência, fora da intensidade de viver não existe prazer.

Então o destino empurrou-o para a profissão errada, porque o psicólogo nunca está presente na primeira vez. Pelo contrário, as pessoas o procuram quase sempre quando lhes parece que não haverá mais vezes na vida delas. Não há mais adolescência na alma de quem adoece mentalmente.

Mas, como seu pai lhe disse e do jeito que aprendeu, procurou fazer do processo terapêutico sempre a primeira vez na vida das pessoas, para que, ao final, pudessem obter uma nova vida, mais serena e mais feliz, vida essa que começaria no set terapêutico que dividiam com ele.

Devolver às pessoas os prazeres e as inquietações da adolescência era o que ele deveria fazer na sua lida profissional.

CINCO E MEIO

Desconfio que o Renato errou, e que é preciso amar as pessoas como se houvesse amanhã porque, se você parar pra pensar, na verdade há. Até porque seria muito difícil viver sem a perspectiva de um amanhã ou se decidíssemos amar apenas hoje.

O amor, por exemplo: o amor não existe em si. Existe o amar. Apenas o verbo merece significar o sentimento maior, e sem amar o amor inexiste.

Acredite você no que acreditar, ou se viemos de uma bactéria unicelular que ao longo de milhões de anos se desenvolveu e evoluiu para o que somos hoje, bactérias multicelulares, ou se fomos moldados do barro por mãos divinas e nos transformamos, nestes milhares de anos, em bonecos de barro ambulantes ainda sem rumo, de qualquer forma somos todos irmãos.

Então não haveria nenhum motivo para não acreditarmos que, apesar de sermos todos diferentes, somos todos iguais.

Porque a diferença é a norma, ser diferente é o normal.

Até você é diferente de você mesmo a cada momento: suas células estão constantemente morrendo e sendo substituídas, num repente você já não é aquele que era ou será. Células da pele fazem apoptose e são substituídas a cada quarenta dias, e você nem sabe qual é o dia exato desse acontecimento.

Então, quando voltar pra casa, todos os dias, acaricie a pele daqueles que amam você, daqueles a quem você ama, pode ser que o rosto, os braços que você acariciou ontem já não estejam lá, e que novas peles esperem pelo seu carinho.

Não economize. Ame. Muito. Como se com certeza houvesse amanhã.

Bento, primavera florida, 1991

SEIS

"A mente de Meire tinha as formas de gotas de lágrimas"

Meire o procurou num momento extremamente delicado na vida dela: a separação, o fim de um casamento prenhe de conflitos, que lhe legou duas lindas filhas, uma úlcera dolorosa e a vontade de desaparecer num grande buraco. Bonita, inteligente, com emprego bem remunerado, roupas elegantes, porte de rainha, Meire estava infeliz, muito infeliz.

Tão infeliz que não se fez de rogada para abrir o coração desde o primeiro instante que se conheceram. Ela tinha pressa, não tinha muito tempo antes que o buraco se abrisse de verdade, precisava de alguém que lhe desse a mão, que não a deixasse cair. Ele lhe fez a proposta: não lhe daria a mão, porque ela era suficientemente capaz de caminhar sozinha, mas propunha-se a tapar o buraco que a impedia de seguir em frente.

Era sua filosofia de vida e de trabalho: as pessoas não precisam de quem as suporte, elas precisam que os obstáculos que se interpõem entre elas e seus objetivos sejam removidos. Sem os obstáculos, elas serão capazes de atingir o mais alto dos cumes que surgirem diante de seus olhos.

Proposta feita, contrato fechado, combinaram as próximas sessões.

Meire chorava. A cada relato que fazia, sobre qualquer assunto, ela chorava. Talvez, em sua lida diária com dezenas de pessoas, quando tinha que manter o máximo de serenidade e firmeza, ela não pudesse se dar ao luxo de demonstrar emoções, e o único momento do dia em que podia desabar era nos momentos da terapia; talvez seu choro fosse apenas uma forma de comunicação que seu inconsciente encontrara para facilitar a compreensão de Bento sobre sua desorganização interna.

Cedo ele percebeu que ela carregava uma certeza comum à maioria das pessoas que caminham por este mundo incerto: só poderiam ser felizes se encontrassem o equilíbrio. Ora, não há como ser feliz no equilíbrio, viver é desequilibrar-se, o organismo só entra em equilíbrio quando morre.

Células fazem apoptose o tempo todo, perdem o núcleo, murcham, morrem, são removidas e novas células nascem para substituí-las. Isso é desequilíbrio. Vivemos na busca de novos aprendizados, e precisamos deles até para sobreviver, e isso é desequilíbrio. Crescemos, amadurecemos e envelhecemos graças ao desequilíbrio. Só entramos em equilíbrio quanto tudo isso cessa, o coração para e chegamos ao fim da linha, voltamos ao pó e desaparecemos.

Daí que a verdadeira neurose é a busca incessante pelo equilíbrio em vida, ao mesmo tempo em que tememos o equilíbrio representado pela morte, um paradoxo que nos atormenta e que também torturava Meire.

Bento lhe disse que deveria abrir mão da busca pelo equilíbrio e, em vez disso, buscar alcançar a harmonia. Porque a harmonia, a exemplo de uma orquestra sinfônica, é a união de instrumentos radicalmente diferentes tocando a mesma nota, e a aceitação de que, para que isso pudesse ocorrer, precisaríamos compreender que todos eles tinham a mesma importância para o resultado final.

Afinar os instrumentos da nossa orquestra significava aceitar as interferências da vida e de seus personagens e, a partir da compreensão de que eram instrumentos radicalmente diferentes – as filhas, o ex-marido, a mãe, os colegas de trabalho, os alunos, o terapeuta, o atual namorado – todos enfim que compunham o painel da vida dela poderiam tocar as mesmas notas, na mesma harmonia, e só precisavam da batuta de um maestro. Que era ela, até porque a vida lhe pertencia e porque era ela a única personagem em comum na vida de todos.

Isso é harmonia, um arranjo mágico só encontrado pelo desequilíbrio constante e nervoso da batuta na mão do maestro.

Bento desenhou: nossa mente é uma pequena balança, dessas de ourives, com dois delicados pratos tentando manter-se em equilíbrio estático, mas sem jamais conseguir. Num dos pratos são depositados nossos desejos, no outro nós colocamos as repressões que a cultura onde fomos criados nos obriga a depositar. Assim, a cada desejo que surge nós colocamos uma repressão de peso igual, na tentativa vã de equilibrar os pratos, e a balança vai pesando cada vez mais, até que o braço que os sustenta se verga e quebra.

Nesse momento, buscamos o auxílio do terapeuta, do psiquiatra, dos medicamentos que a ciência propõe. Quando acertamos no tratamento, o braço da balança é reparado, uma espécie de solda psíquica, mas não volta à forma e à resistência original, que é o que ocorre com o material que quebra e recebe uma solda ou uma cola. Não há a cola perfeita, sempre fica uma cicatriz.

Quando somos crianças pequenas, dificilmente a balança quebra. Porque não buscamos o equilíbrio e vivemos em função dos desejos, de saciar nossos desejos. A repressão vem sempre de fora, dos adultos que nos rodeiam, porém repressões externas machucam, deixam marcas, mas não pesam tanto quanto as externas. Além do mais, parte dos desejos são satisfeitos, por bem ou por mal.

Mas crescemos, e crescer dói. E, ao crescer, criamos nosso próprio sistema de repressão para equilibrar a balança interna. Chamamos esse fenômeno de "cultura": um conjunto de normas e regras que regulam nossos comportamentos e relações sociais, em forma de ética e moral. Para não ultrapassar nenhuma dessas regras, exageramos nas repressões. Seria como se estivéssemos dirigindo numa estrada onde a velocidade máxima permitida é de 100km/h, mas não ultrapassássemos os 80km/h para não correr riscos e por não confiar totalmente no velocímetro do veículo.

Não nos permitindo, perdemos o prazer do vento no rosto, da chegada antes do anoitecer.

De desejo em desejo, e de repressão em repressão, nós nos torturamos e aumentamos o peso das preocupações mentais, até adoecer. A doença representa um sinal de alerta, mas enquanto se concentra em desconforto mental, fica apenas conosco. Não procuramos ajuda porque consideramos que não vão acreditar em nós. E convivemos um tempo enorme com o braço da balança quebrado, ainda em busca do equilíbrio que, se antes já eram impossível, fica ainda mais distante com o braço danificado.

Até que a mente decide que é hora de mostrar o sofrimento, que vem em forma de desconforto físico, porque o que é físico é visível, e então as pessoas vão acreditar. Uma histeria de conversão: o braço da balança interna se mostra em forma de choro, ou de apatia, de comportamentos depressivos, de ideações suicidas.

Nesse momento, se você procura um psicólogo, e ele compreende o processo que causa o sofrer, ele pode orientar você para o perigo da busca do equilíbrio e ajudar a encontrar a harmonia. Porque harmonia é possível mesmo com os pratos desequilibrados, mas o contrário não acontece.

Mas se você procurou o psiquiatra, ou o psicólogo não entendeu você e pediu para que procurasse um, vai voltar com uma patologia, um código de doença e medicamentos que se propõem a reequilibrar você. A medicação vai fazer com que você possa se equilibrar simplesmente removendo suas emoções, seus sentimentos: aquele que não sente não deseja, e se não deseja não precisa lançar mão da repressão.

Não há ninguém agindo de forma antiética: é função precípua do médico medicar; é função principal do psicólogo ajudar o sujeito a viver sem a medicação. Se o primeiro usa seus conhecimentos técnicos para encontrar a medicação correta para a cura, o segundo lança mão da sua formação para curar com a palavra.

Então, na visão de Bento, o medicamento busca o equilíbrio; a palavra busca a harmonia. Como, ainda em consonância com suas crenças, o equilíbrio em vida é impossível, e o sujeito precisa conviver em sociedade, interagindo com muitas pessoas diferentes entre si, é preferível a harmonia da orquestra, e é função do terapeuta colocar a batuta nas mãos das pessoas que deitam no seu divã.

Este é o caso presente: os choros de Meire eram um sintoma, o que os causava era a sua incessante busca pelo equilíbrio entre o trabalho, mãe, filhos, separação, colegas e o novo namorado. Desejos e repressões, que se acumularam e quebraram o braço da sua balança. Era preciso harmonizar esses conteúdos para encontrar a paz.

Meire demonstrou compreender aquelas palavras, até reconheceu, com o tempo, os tais desejos que reprimia. Só não enxergava o caminho que teria que seguir para atingir a tal harmonia. Enquanto os dois buscavam o caminho, ela chorava.

Já descobrira, no entanto, que sua estima estava fragilizada e que, embora tivesse um namorado que gostava dela e queria protegê-la, ela não conseguia corresponder aos anseios dele porque não se achava digna da sua atenção.

Uma super filosofia: não se aproximava demais para não se magoar e, ao não corresponder, não concretizava a relação e isso a magoava ainda mais. Cobranças, sempre cobranças que Meire fazia a si mesma.

Uma tarde de sábado ela ligou, novamente chorando, dizendo que precisava muito do terapeuta naquele momento. Ele foi para o consultório e a recebeu. Estava desesperada, sem chão, porque chegara em casa e encontrara os móveis na calçada: o ex-marido conseguira um mandato judicial para reaver a propriedade e fizera o despejo sem a presença dela. Desconcertada, ela ligou para o namorado, ele a socorreu, alugou um caminhão e levou todos os móveis para uma instituição de caridade. Recolheu as coisas pessoais dela e levou tudo pra casa dele. Foi firme, quase duro: havia lugar para ela, suas coisas e até suas filhas, bastava ela querer.

Ela então, sem saber o que fazer, fez o que sempre fazia: correu para o terapeuta. Chorou muito, queria sua opinião profissional. Quando ela terminou o relato, ele pediu que se levantasse, levou-a delicadamente até o elevador e falou, mais firme do que nunca, quase duro: - Está de alta, não precisa voltar mais aqui, você já tem quem lhe proponha a harmonia, não cabe mais um nessa relação. Vá, entre, abrace o homem que quer você e recomece sua história como toda história deve começar: duas pessoas, um relacionamento, cada uma delas cuidando dos desejos do outro e também dos seus. Não se reprima mais, deixe que o desejo dirija você, sua busca chegou ao fim, sua balança está no lugar onde sempre deveria estar: duas pessoas olhando para o mesmo destino e ocupando uma só balança.

Passados três dias Meire ligou. Finalmente tinha compreendido porque ele tinha lhe dado a alta, foi porque ela precisava construir seu destino sem o uso da bengala em forma de terapeuta. Quebrado o triângulo, restaram dois catetos que se entenderam e podiam ser felizes com o que tinham e do jeito que eram.

Não seria ótimo se as pessoas passassem a reprimir menos e a viver mais? Não existe a felicidade sem a realização de alguns desejos. Ser feliz, afinal, não é assim tão difícil: basta, para isso, deixar que o outro seja feliz também.

Ah, sim! E também desistir de encontrar o equilíbrio. Lembrar-se de que até o equilibrista caminhando na corda bamba balança o corpo para os lados, continuamente, em busca da harmonia dos passos para chegar ao outro lado sem se machucar.

Se nem o equilibrista busca o equilíbrio, por que nós?

SEIS E MEIO

Há momentos na vida, alguns que até duram demais, que podem ser classificados como tédio: dias que perseguem dias, que perseguem noites, que perseguem dias e que, ao se arrastar, arrastam você. É tão angustiante que até dá vontade de que algo aconteça, mesmo que seja algo ruim. O que você não quer mais é aquela sucessão de noites e dias se perseguindo e nem prestando atenção em você.

Aí você chora, e se sente frágil, e se sente só.

Daí, como nada acontece, nem de ruim e nem de bom, você conclui que o mundo acabou. Seu mundo acabou. Tudo é um sinistro túnel, e não há luz no fim dele. Um estado de torpor invadiu você e roubou toda a energia que poderia ter.

Aí você chora, e se desespera, e sente que é o fim.

Ao seu lado está um bote salva-vidas. Sempre há um bote, mas você não vê, está ocupado demais sentindo pena de si mesmo, só vê a tempestade, as ondas gigantes, seu barco à deriva, à deriva, à deriva, sem direção.

Pare, respire. Junte as pontas dos dedos das duas mãos, mínimo com mínimo, anelar com anelar e assim por diante, até os polegares. Com suavidade. Feche os olhos e conte de dez até zero, lentamente, sem pressa, foco na contagem regressiva. Permaneça em silêncio, os olhos fechados, até sentir o pulsar das veias nas pontas dos dedos.

Não sentiu? Não tem importância, tente outra vez mais tarde. Assim que sentir, abra os olhos e olhe ao redor: ali vai estar seu barco salva-vidas.

Pule dentro dele, entregue-se, fique lá como gato em um balaio.

Bento, primavera quente demais, 1990

SETE

Por diversas vezes o mocinho que matava Apaches se tornou bandido. Ainda que a memória teimasse em apagar, ou em colorir com tons mais amenos, o garoto intrépido que cavalgava o alazão de duas rodas andou assumindo personalidades que não dariam orgulho nem aos seus pais, nem a si mesmo, quando crescesse e ganhasse consciência dos atos pretéritos.

Não se restringiram à soltura criminosa dos bois para ganhar uns trocados dos boiadeiros, e que às vezes causavam transtornos aos moradores da cidade e representavam perigo. Houve ocasiões em que as aulas foram suspensas por causa dos bois soltos pelas ruas vizinhas, e até um jogo da Ferroviária teve que ser adiado por causa disso.

Também no campo de golfe que ocupava um quarto do território do bairro o menino Bento andou colaborando com o crime organizado: admitido como ajudante do caddie, que é o sujeito que carrega os tacos do golfista e aconselha sobre o melhor a usar em cada momento, teve a sorte azarada de cruzar com um caddie malandro, que não só o obrigava a carregar os tacos, como também lhe ensinou a arte de sumir com as bolinhas que se perdiam longe dos olhos.

Era função do auxiliar buscar tais bolinhas. O chefe mandava que ele pisasse na bola até afundá-la, depois memorizasse o local. Ao fim do dia, desenterrasse as bolinhas "perdidas" e as devolvesse a ele, num lugar onde ninguém os visse. O caddie revendia as bolinhas e dava uma porcentagem a Bento, que usava a propina para comprar gibis e ir ao cinema.

Mais tarde, quando já adolescia, foi trabalhar como ciclo-boy no mercado municipal. Entregava frutas, verduras, legumes e carnes nas casas dos clientes. Eventualmente ganhava gorjetas que, por um acordo com os comerciantes, deveria ser depositada numa caixinha para, no fim da semana, ser dividida entre todos os funcionários.

Nem sempre toda a gorjeta ia para a caixinha. Era como se Bento se sentisse injustiçado, já que era o único entre todos que ganhava a tal gorjeta, todos os demais ficavam nos estabelecimentos do mercado, enquanto ele enfrentava os perigos de pedalar entre carros e bondes para entregar mercadorias em residências, onde muitas vezes encontrava gente mal humorada e agressiva. Além do fato de que toda mercadoria danificada durante o transporte, se o cliente reclamasse, era descontada do parco salário que recebia.

E ainda tinha a escola: dotado de inteligência acima da média, Bento consumava costumeiramente o mais hediondo crime que pode ser cometido em sala de aula: passava cola e, além disso, criava métodos originais e "infalíveis" para colar. Não via nessa ação algo condenável e considerava-se um herói de bom caráter: aquele que arrisca sua própria nota – o que poderia corresponder a arriscar a própria vida – para que o colega também pudesse atingir a média e passar de ano só poderia ser um bom sujeito.

Só que todas essas pequenas infrações, somadas a outras que o pudor não deixa tornar públicas, introjetou em Bento uma espécie de desconfiança de que ele não era um, de que poderia ter duas ou mais personalidades distintas, cada uma delas surgindo e se tornando dominante a depender da situação.

Não é que, por exemplo, durante os anos de sonambulismo, ele chegara a perseguir a irmã mais velha, a favorita, com uma faca na mão? Seria aquele o terceiro personagem da sua personalidade, o assassino da faca? E quando, invadido pela fúria sem causa, apenas porque o colega de classe disse que sua mãe era puta – que nem havia sido bem assim, ele apenas falou filho da puta – e ele quebrou o braço do garoto? E quando, no silêncio da noite, ele atirava pedras no telhado da casa do seu Maneco, um idoso solitário e sem humor que furava as bolas que caiam no seu quintal, e ficava ali, estático, esperando o homem sair só para acusar os amigos de terem atirado as pedras?

Ao mesmo tempo um covarde – depois que todos dormiam, ele buscava a Sussuca, um cadela preta e pequena, que morreu atropelada pelo trem, e deixava que ela dormisse no seu quarto, porque tinha medo do escuro e via fantasmas até no leve balançar das cortinhas da janela – ele enfrentava os leões da

Sorocabana e os Apaches do Monte Alto como se nada o atingisse.

Convencido de que possuía múltiplas personalidades e que isso não era bom, Bento aceitou a pressão da mãe para estudar no Seminário São José. Seria um sacerdote no futuro, destino comum reservado aos meninos mais inteligentes da família, desde muitas e muitas gerações. Não ficou lá dois anos: não só não se via um adulto usando saias e abençoando hóstias, como ainda a visão das meninas passando o deslumbrava. Se pudesse escolher, ele pensava, largaria a Bíblia e correria atrás daquelas princesas.

De qualquer modo, a entrada na adolescência foi carregada de dúvidas sobre quem ele realmente era e no que poderia se transformar. Seria um herói – médico, bombeiro, policial (não, policial não, policiais não eram heróis), palhaço, enfim alguém que salva vidas – ou seria um bandido, cometendo crimes vários para sustentar os vícios dos gibis e dos cinemas? E se, no limite, fosse se transformar no assassino da faca, que corre atrás de mulheres indefesas nas noites sonâmbulas?

No fundo da alma, ele só encontrava um adjetivo para classificar sua personalidade: fragmentada. O menino Bento era um ser fragmentado.

No português clássico existe o destino, que é algo previsto para o seu futuro, mas que você pode mudar, e existe o fado, que também está previsto, mas você não tem controle sobre ele e vai acontecer, quer você queira ou não. Então, se Bento cismava sobre suas múltiplas personalidades sem exatamente saber o porvir, e se inconscientemente ele lutava entre o que era destino ou fado, e quando todas essas dúvidas o assaltavam, num momento em que alternava o papel de bandido soltando bois e de mocinho matando Apaches, seu destino resolveu a equação para ele, na forma de uma flechada que atravessou o seu peito, derrubou-o do cavalo de duas rodas e o jogou violentamente contra o muro que, ironicamente, fora colocado lá para protegê-lo dos perigos do trem.

Flecha cravada no peito, coluna destruída, dores, seu Alcides correndo, as perninhas tão pequenas vencendo quilômetros em segundos, seu pai chegando, o médico, a adolescência como diagnóstico, a convalescença, a cadeira de rodas, a partir daquele momento seu companheiro alazão, o longo tempo de raiva, ódio, frustração, a recuperação lenta, a volta pra escola, pra faculdade, em parte pra vida, tudo aquilo apagava a dúvida sobre suas múltiplas personalidades e o futuro que o esperava: na figura do psicólogo, enfim, aflorou e se fixou a personalidade afável e cidadã.

Não mais seria o herói que matava Apaches, nem o vilão que escondia bolinhas de golfe, roubava gorjetas e soltava bois, nem tampouco seria o assassino da faca que perseguia mulheres. O que lhe sobrara: um diploma na parede, muita leitura, o desejo de cuidar das pessoas e a angústia, a depressão.

Angústia e depressão que também foram arrancadas da sua mente no dia em que foi seqüestrado e atirado da Ponte Pênsil: ali, nas mesmas águas em que nasceu o Brasil, e Jorge morreu, ele ressuscitou, ao ter certeza de que não precisava das pernas para viver e ser feliz o suficiente.

Só uma dúvida permanecia: a flecha apache que o atravessou, seria destino ou seria fado? Ele poderia ter evitado ou estava fadado àquele momento e situação? Haveria resposta para isso, em qualquer lugar, em qualquer pessoa?

Bento teve ainda que viver mais seis décadas para obter a resposta para sua inquietação.

SETE E MEIO

Algumas perguntas não deveriam ter respostas. Jamais. Pensando melhor, não seria perfeito se nenhuma pergunta tivesse resposta, e tivéssemos que viver para sempre afundados na dúvida?

Pense comigo: de que importa saber de onde viemos e para onde vamos, quando queimamos minutos e horas preciosas tentando entender, em lugar de viver o que a vida está nos oferecendo? Qual é a utilidade de saber que existe uma pressão atmosférica que nos prende ao solo se, por um lado, mesmo os que não sabem também sofrem o mesmo fenômeno e, por outro, bom mesmo é soltar a imaginação e flutuar livre, leve e solto como felizes pássaros? Se você não souber como se processa a mitose, você vai morrer ou suas células vão continuar se multiplicando?

Se tivéssemos a ventura de conviver num mundo só de perguntas, sem nenhuma resposta, talvez as relações humanas fossem mais pacíficas, sem guerras ou ódios. Afinal, todas as mágoas humanas são causadas não por perguntas, mas por respostas.

Bento, último inverno completo, 2021

OITO

"a mente de Iago tinha as formas do caos absoluto"

A humanidade interna de Iago tem quatro grandes quadrantes, como que constituindo um cérebro humano, perfeitamente dividido, mas interligando as partes para completar o todo. Só que é um processo gestáltico, onde o todo é maior do que a soma das partes.

A primeira – ou a última, ou a segunda, que não há hierarquia entre elas – representa o caos, a ordem e o exílio. O caos é uma abertura, um abismo, uma fenda, um espaço vazio anterior a todas as coisas, o princípio de tudo. O caos vai, em algum sentido, assumir o papel de gerente de toda a bagaça, para replicar palavras do próprio Iago.

Depois tem a bondade, necessária para que as partes não entrem em estranhamento, durante os embates para tomar decisões frente a provocações internas e externas. Essa bondade é refletida em ações, porque não existe a bondade em potencial, apenas sabemos que é bondade quando ela é real e concretizada.

Logo após vem a fé, que não tem relação com religiosidade, mas fé em estado bruto, pura, inodora. Pode ser a fé num ser, numa pedra ou numa ciência, ou até a fé em si mesmo, nos sentidos, emoções, realizações, pensamentos, intuições. É uma fé que amalgama a pistia dos gregos, significando o acreditar, com a fides dos romanos, que guarda relação com fidelidade. A fé, em Iago, é uma crença fiel, e é o que move o circuito inteiro.

E finalizando, mas não em último, vem o conhecimento, o cognoscere como o ato de conhecer, baseado na reflexão e na construção de conceitos e ideias a partir do raciocínio lógico em busca do saber, e afastando-se o máximo da mitologia.

A soma de caos, bondade, fé e conhecimento completam Iago, o Fragmentado, um jovem que detém tão vasto conhecimento dentro da caixa craniana, que Bento decidiu que ele é, na verdade, um ciborgue. Excessivamente humano, incrivelmente humano, mas um ciborgue, criado por uma cientista nefelibata e um engenheiro especialista em dureza de materiais, mistura perfeita de alguém indestrutível e sonhador. Iago é a atualização de David, o robô menino do filme A.I. (Inteligência Artificial), que Steven Spielberg lançou em 2001 e que alterou profundamente as pesquisas de Bento sobre emoções e sentimentos.

Iago, o Fragmentado, tem dezesseis anos terrenos, justamente a idade em que a flecha apache condenou Bento à vida sobre um alazão de quatro rodas, o que é apenas uma coincidência. Havia mais informações no cérebro de Iago do que na biblioteca da Babilônia, mas havia também humanidade abundante, curiosidade infinita. De tão humano, o circuito eletrônico original que seus criadores lhe deram foram ganhando neurônios, astrócitos, micróglias, oligodendrócitos, bainhas de mielina. A antiga película de platina que protegia o circuito principal transformou-se em dura-mater, aracnídeo, pia-mater.

Humanizado, no entanto, ele não assimilou a principal característica dos seres humanos, a inveja que tudo e a todos corrói.

Sua origem cibernética mais sua conversão humana fazem de Iago, o Fragmentado, um ser único e fascinante: inteligente, sensível, maduro e solitário por opção. Sua transformação foi de tal ordem que até sua aparência perdeu os contornos robóticos e ganhou carnes humanas, às vezes demasiadamente humanas. Do tipo precisando de um regimezinho.

Iago entrou na vida de Bento quando o tempo que ele mesmo se concedeu estava próximo de expirar. Trouxe um alento novo e desafios infinitos. Durante os tempos aflitivos da grande pandemia, eles se encontravam remotamente por chamadas de vídeo. O rapaz (ou o ciborgue?) compulsivamente conferia no seu computador particular as informações e respostas que o terapeuta fornecia, provavelmente induzido pela parte conhecimento; depois, confirmada, a informação passava pelo crivo da fé; contemplados os dois itens, a bondade entrava em ação: a informação advinda de Bento era apenas filosófica ou podia ser executada? Finalmente, uma fenda se abria e o caos principiava um conceito que serviria como base para futuras indagações.

Foram a chegada de Iago mais as conversas freqüentes com ele que forneceram a resposta que Bento aguardara por seis longas décadas: sim, também ele era fragmentado, embora sua origem tenha sido diversa da do jovem ciborgue excessivamente humano que se sentava diante dele.

Mas, muito mais do que respostas, Iago trouxe alívios, em forma de alento para um futuro que poderia ser melhor, muito melhor, do que o presente atual. Era como se o outono decidisse se instalar e espalhar os frutos da árvore pacientemente (às vezes não tanto) cultivada por Bento na sua longa peregrinação no planeta azul, inicialmente como bípede, correndo e cometendo crimes, depois sobre um belo cavalo de duas rodas, trotando elegantemente e matando Apaches perigosos, depois voltando às origens dos ancestrais na selva, usando as mãos para se locomover numa árvore de quatro rodas e, finalmente, transformado por obra e graça de Iago, o Fragmentado, em um ciborgue ancião.

Com o tempo os neurônios de Bento foram migrando para Iago, e os circuitos de Iago foram fazendo o sentido contrário: a convivência entre os dois, mais do que relação terapêutica, ganhou contornos fraternos, numa simbiose de conhecimentos e pensamentos. Quando Bento compreendeu as quatro partes que constituíam seu cérebro, finalmente seus neurônios ganharam forma de circuitos eletrônicos cibernéticos, e a troca final se deu: Bento herdou a bondade, a fé, o conhecimento e o caos de Iago. Iago herdou os neurônios de Bento.

Troca justa e completada, Bento Gonçalves já podia pôr em prática a derradeira cena de uma vida conturbada, porém criativa e completa.

Foi no último inverno que as perguntas cessaram e as respostas se tornaram desnecessárias. Foi quando o caos se tornou fenda e, nela, Bento desapareceu.

OITO E MEIO

Não somos como somos, nem o que somos. Somos como os outros nos vêem. Não existimos no mundo real, somos representações dos pensamentos alheios. Dessa forma, um dia, geralmente tardio, voltaremos ao pó. Com sorte nós nos transformaremos em uma plantinha com flores singelas que borboletas poderão visitar.

Mas seremos imortais enquanto um único ser vivo, e basta um ser vivo, lembrar-se de nós. Por isso devemos passar pela vida construindo a fé, espalhando a bondade, distribuindo conhecimento e oferecendo o caos, para que sejamos dignos da lembrança de alguém.

Vida longa aos fragmentados, que serão os responsáveis por esses atos de humanidade. E vida longa aos ciborgues, que jamais nos esquecerão. Se merecermos, é claro, porque sua capacidade de lembrar é igual à de esquecer.

Tomara que sejamos dignos da lembrança de alguém. Oxalá nos transformemos nas formas da mente de Iago, o Fragmentado.

Bento, outono no exílio, 2022

NOVE

Não era eterna a amizade entre a molecada da Vila Sorocabana e a do Catiapoã, apesar da interferência de Bento, uma espécie de embaixador da paz, graças à influência benéfica e apaziguadora do seu pai, o comerciante que quebrava todos os galhos financeiros de ambos os bairros. De vez em quando o caldo esquentava, transbordava e queimava os que estivessem por perto.

E, pior, quase nunca se sabia das causas que davam início às confusões, como, aliás, a história da humanidade mostra com relação às guerras: quem sabe por que começaram a guerra dos cem anos, a do Paraguai, as duas grandes guerras mundiais? Tá, os livros contam, mas são lorotas, não é possível que um evento que coloca irmão contra irmão e provoca milhares, milhões de mortes, tenha tido a causa que está nos livros, ninguém mais cai nessa.

Assim eram as Guerras Sorocabânicas, ou Catiapoânicas: sem causa verificável, mas com consequências mais do que visíveis: dolorosas mesmo! Imaginem que Bento morava na Canrobert, a trinta metros da Vila. A rua 2, só pra constar, era a continuação da Canrobert, depois do cruzamento com a Pérsio de Queiros, e levava direto à escola e ao estádio da Ferroviária, onde quase todos estudavam e muitos desfilavam seu dotes de craque. Então, em tempos de paz, Bento levava cinco minutos para chegar à escola e, de quebra, ainda ia ganhando colegas pelo caminho para adentrar em bando o pátio quadrado do colégio Vidrobrás.

Mas em tempos de guerra, ele tinha que fazer toda a volta pela Pérsio, daí para a travessia sobre os trilhos do trem na Ipiranga, seguir por ela até a Frei Gaspar, caminhar três quilômetros até nova travessia do trem, voltar pela Martins Fontes até a escola. Andando depressa, quase meia hora.

E se decidisse enfrentar a barbárie e seguir como sempre pela rua 2? Tentara algumas vezes e em todas elas foi atacado por projéteis sinistros de mamonas lançados por estilingues furiosos dos moleques da Vila. Não havia como se proteger, a morte era iminente. Ironia do destino, aqueles moleques roubavam as mamonas do quintal dos fundos da casa de Bento, onde o muro era de bananeiras e uma vala estreita carregava os dejetos das latrinas das casas da Canrobert.

Claro que tinham dificuldades para executar o assalto de mamonas: Bento e sua quadrilha, composta de quatro meninos menores que ele e uma menina que, diziam as más línguas, era por ele apaixonada (como se uma garota linda e louca como aquela, a pele sedosa da cor da noite, os olhos redondos como jabuticabas, pudesse se apaixonar por um branco azedo que, pelado, mais parecia uma lombriga com fome. Não, entendam, nem ela nem qualquer outra haviam visto Bento pelado, ele é que se classificava assim).

Estavam sempre em desvantagem numérica, mas tinham como trunfo a cidadela, que os adultos chamavam de galinheiro, mas que servia como local estratégico para atirar sem ser atingido. O resultado era que os moleques da vila sempre levavam munição suficiente para obrigar Bento a caminhar por meia hora para ir à escola ou para treinar na Ferroviária.

Só Rosa, a filha do barbeiro, que também tinha uma banca de jornais e revistas, e que morava na Canrobert, mas antes da curva, ficava isenta na guerra, e podia desfilar sua enorme beleza e charme pela rua 2 até a escola. Dizia-se, mas jamais se provou, que era porque ela namorava uns meninos da vila, mas Bento sempre desconfiou que o segredo estava na figura do barbeiro, onde todos, e eu disse todos mesmo, compravam e vendiam gibis de heróis e vilões.

Rosa, a bela, quase ia passando em branco, era irmã de Jorge, o triste, que se suicidou sob a Ponte Pênsil, depois de ameaçar dezenas de suicídios anteriormente. É outra história marcante na vida de Bento, ele também parte integrante da turba que se divertia driblando os policiais rodoviários que guardavam as cabeceiras da ponte para se atirar, mergulhar, e sair na minúscula praia que enfeita o Parque Prainha.

O fato de que, no dia em que Jorge submergiu para não mais voltar à vida, a turma da Vila estava também mergulhando, talvez tenha sido mais um fator de liberdade diplomática para Rosa poder circular pela Vila mesmo em tempos de guerra:

todos os que estavam lá no fatídico dia carregavam um sentimento de culpa que jamais foi superado.

Lá no fim da Tupiniquins, que margeava o morro e a Prainha, ficava a Praia das Vacas, chamada assim porque fora durante muito tempo uma pequena fazenda de bois. O nome oficial era Paranapuã, palavra tupi-guarani que significa terra pequena e fértil. Para lá a turma do Catiapoã se deslocava de bicicleta para usufruir da natureza e, eventualmente, namorar em paz. O refúgio acabou quando o governo insensível ao amor construiu um presídio para jovens infratores, a FEBEM, cercou a rua com muros e guarita e manteve guardas dias e noites.

As línguas mais ferinas diziam que, com exceção da guarda, nada mudara, que o local sempre fora freqüentado por jovens marginais. Que, a compreender a ilação maldosa, eram os jovens livres do Catiapoã. O que não diziam, porque não sabiam, é que havia uma relação umbilical entre a praia de Paranapuã e o bairro do Catiapoã, palavra tupi-guarani que significa cemitério, lugar onde os indígenas enterravam seus mortos. Era comum, durante a construção de casas e prédios no Catiapoã, encontrar ossadas antigas.

A ironia da história estava no fato de que Jorge, que nasceu no Catiapoã, acabou morrendo em Paranapuã, numa inversão da direção dos antigos indígenas guaranis.

Atualmente o muro e a guarita da praia das Vacas permanecem, mas o presídio fechou, e a área voltou para seus legítimos donos: lá vivem, soltos na natureza e longe dos olhos civilizados do branco predador, indígenas Guarani Kayowá , que só abrem a tribo para receber estudantes sedentos em conhecer a cultura do povo ancestral. Só o Catiapoã não lhes foi devolvido, com os ossos e os espíritos dos antepassados.

Bento voltou a Paranapuã já como professor de uma escola. Lidando com as dificuldades de dirigir uma cadeira de rodas pela areia da praia, reviu os cheiros e ruídos de uma infância feliz, de uma juventude breve, muito fugidia, mas intensa a não mais poder. Convivendo rapidamente com aqueles pele-vermelhas, vestidos ou despidos a caráter para receber os pequenos caras-pálidas, não teve como não recordar dos Apaches acoitados sobre o Monte Alto, atirando flechas, recebendo tiros de volta e, finalmente, conseguindo derrubar fatalmente o mocinho e seu alazão.

Não, aqueles Guaranis seriam incapazes de causar mal a alguém, mesmo que esse alguém carregasse dois colts nos coldres e cavalgasse um fogoso cavalo de duas rodas, guidão, corrente e pedal.

Os tempos de jovem livre e quase delinqüente terminaram aos dezesseis, quando a flecha apache atravessou seu peito e o derrubou do cavalo, fazendo com que sua coluna batesse violentamente contra um bloco deslocado do muro que, ironicamente, fora colocado lá para impedir acidentes fatais nos trilhos do trem.

Demorou para compreender o diagnóstico do dr. Stuchi. Em verdade, só aceitou a certeza do laudo depois que começou a clinicar e a se especializar em adolescentes: aquele episódio que o derrubou, a flecha atravessada, o cavalo prendendo-lhe as pernas, os colts inertes, já sem poder defendê-lo do ataque apache, só podia ter um nome: adolescência, dona Preciosa, o que Bento tem é adolescência.

Mas, antes que os pele-vermelhas vindo do país do Norte tivessem tirado sua agilidade e sua vontade de viver sem reservas, Breno não economizou emoções, sentimentos, frustrações, alegrias e traquinagens. A dor e as mágoas ficaram pra muito depois.

Um dia, já adulto, enfrentando as agruras dos primeiros atendimentos pós-universidade, recebeu a visita de alguns antigos colegas do Catiapoã. Eles o seqüestraram, levaram-no até a ponte Pênsil. A guarita ainda estava lá, os dois policiais rodoviários pareciam os mesmos da sua infância, a casa das Bananas permanecia a mesma, o restaurante Itapura ainda se debruçava sobre o mar, a praia da rua Japão, do outro lado, não tinha mudado. O tempo não havia passado desde a última vez que estivera ali, fugindo dos olhos atentos dos policiais para se atirar da ponte.

Só faltavam, na cena, Jorge e o cão Piloto, um pastor alemão eterno companheiro, que os esperava na praia, pronto para socorrer os que não conseguiam chegar, e que por duas vezes salvou a vida de Bento, quando a correnteza e as cãibras tentaram abreviar seu tempo na terra.

Os policiais não estranharam um bando de homens barbados, chinelos e bermudas sob o sol de verão, empurrando uma cadeira de rodas pela ponte e limitando ainda mais a velocidade dos carros que a atravessavam. Pareceu-lhes um grupo de amigos em direção a alguma casa do outro lado, e continuaram sua rotina de olhar pra todo lado e nada fazer.

Chegando ao outro lado, dois deles tiraram Bento da cadeira e, resolutos, todos se atiraram da ponte. Bento incluído. Chegaram rapidamente à praia e comemoraram ruidosamente. Um cachorro curioso e magro chegou até eles, e um dos amigos decidiu chamá-lo de Piloto. Como se entendesse, o cão atendeu o chamado e ficou com eles participando da festa.

Para atingir a Tupiniquins, que leva de volta à ponte, uma estreita e íngreme escada de pedra desafiou o grupo, mas eles se revezaram e levaram Bento até o local onde haviam se atirado. Nem a cadeira, nem os chinelos estavam lá, no local onde deixaram seus pertences, nada. Nada, modo de falar, havia alguém esperando por eles: um dos policiais.

Negociação difícil, explicações, pedidos de desculpas, reprimendas. Após algum tempo, o policial aceitou os argumentos e permitiu que um deles fosse buscar a cadeira e os chinelos.

Bento achou que o policial, a despeito do cerro franzido e do ar severo de autoridade, ficou sensibilizado com a história, porque ele decidiu fechar o sinal da ponte para os dois sentidos, impedindo o tráfego de veículos enquanto a turba antiga, triunfalmente, atravessava a ponte Pênsil empurrando uma cadeira de rodas, levando um sujeito molhado até os ossos, tremendo de frio e imensamente, intensamente feliz.

Aquele dia foi o divisor de águas, com desculpa pelo trocadilho. O jovem Bento que havia sido flechado pelo Apache levar novamente uma flechada fatal, agora para remover a cicatriz da primeira e pavimentar uma estrada profissional que serviria para arrancar flechas de peitos sofredores alheios.

Ali, no mesmo lugar onde nasceu o Brasil, onde Jorge morreu e onde os guaranis recuperaram a terra que o colonizador branco lhes havia tirado, Bento renasceu. Era, de novo, o moleque driblador de policiais, o ciclista que devorava a Tupiniquins em busca da praia das Vacas.

Certo que sua bicicleta agora tinha duas rodas a mais, mas ainda poderia ser o seu alazão.

NOVE E MEIO

A vida só termina quando desistimos, não importa se estamos vivos ou não. Só quando termina e, como ela é nossa, nós é que decidimos quando isso se dá. Não é Deus ou o imponderável, somos nós.

Somos instintivamente seres da água, peixes sem guelras e com nadadeiras disfuncionais. Passamos quarenta semanas em ambiente líquido, respirando sem auxílio dos pulmões, parte do tempo em forma de girinos. Depois saímos, ou somos expulsos, ou os dois e, em pouco tempo, seremos répteis rastejando sobre a superfície do piso da sala. Mais tarde andaremos com quatro patas, reproduzindo os movimentos dos felinos e até usando o verbo engatinhar.

Até que, num salto evolutivo, ficamos eretos e aprendemos a andar sobre os dois pés, e assim andaremos até que a velhice nos remeta de volta aos movimentos infantis. Ou que uma flecha nos atravesse o peito e nos condene ao cavalgar sobre quatro rodas, como se a velhice tivesse chegado meio século antes.

Antes de constituir uma família e tentar se tornar imortal através dos filhos, é dever de todo ser humano aprender a nadar. Porque viemos todos do ambiente aquático, já fomos peixes quando embriões, e às vezes é preciso voltar às origens para renascer.

Tem vezes que achamos que a vida acabou. Engano. Ela só acaba quando deixarmos, não é o imponderável, nem é Deus. Somos nós. E mesmo quando pensamos que acabou, uma ou duas mãos amigas podem te ressuscitar.

Então, duas coisas: uma, aprenda a nadar; duas, tenha amigos. Talvez um dia você também precise ressuscitar.

DEZ

"A mente de Lívia tinha as formas de uma bombinha"

- Hoje foi o pior dia da minha vida! O pior! Hoje só não acabei com esta vida de merda porque minha mãe mandou botar grades nas janelas do apartamento. Você sabia que ela mandou botar grades nas janelas? Ela pensa o que, que pode controlar toda minha vida?

Lívia entrou no consultório naquela tarde desse jeito, possessa, alterada, os olhos faiscando, o peito estufado, arfando como se todo o ar do planeta não fosse suficiente para abastecer sua fúria.

- Aqui não tem grades.

Bento falou pausadamente, sem levantar o olhar. Lívia estancou de repente.

- Como? O que você falou?

- Que aqui não tem grades, Bento repetiu. Lívia meio que se tornou uma estátua, olhando pra ele, procurando algum sinal de galhofa, de brincadeira. Talvez ele quisesse aliviar o ambiente, talvez ele não tivesse percebido como exatamente ela se sentia.

- Fala sério? Deixaria que eu saltasse?

- Sim, Lívia, falo sério. Você já tem idade suficiente para saber o que quer e o que pode te fazer feliz. Se a vida está assim tão ruim, tão pesada, se nada mais te prende a este mundo, se nem a minha presença e os cuidados que tenho com você for capaz de aliviar teu sofrimento, e se tua decisão é morrer, como eu poderia impedir?

- Então você acha que meu sofrimento não é tão grande?

- Pelo contrário, acho que é até maior do que você sente. Mas sei como é isso, também eu passei por algo parecido e muitas vezes, muitas mesmo, pensei nessa saída. E olhe que eu não tinha o que você tem. Você chegou até aqui caminhando, eu não; você tem um corpo inteiro, eu não; você até tem um terapeuta e eu não tinha. Mas se tudo isso não basta, se nada disso importa, e se você não quer mais viver, eu não tenho o direito de impedir. Então, eu gostaria de continuar tendo o prazer da sua companhia, das suas visitas, até do seu perfume e, se você se for, vou sentir sua falta, vou sentir muita saudade. Mas realmente aqui não tem grades, e não tem porque grades só servem para prender, às vezes para evitar acidentes, mas não para impedir suicídios, nada nem ninguém é capaz de evitar uma pessoa de se suicidar, se ela realmente quiser.

Lívia sentou-se na cadeira em frente à escrivaninha, estendeu as mãos de dedos longos e magros, colocou-as sobre as mãos de Bento:

- Eu já disse que amo você?

- Não, nunca tinha dito, mas eu já sabia, você é incapaz de mentir pra mim.

Jovem, muito magra, linda como um sol, mas apagada, sem luz, como uma estrela anã, Lívia vomitava tudo o que comia, enfiava o dedo na garganta para vomitar. Chegou ao consultório pela primeira vez trazida pela mãe e acompanhada da irmã mais velha, e Bento adivinhou em poucos minutos qual era o problema que a afligia. Bastou-lhe uma só fala dela: estava ali para que a ajudasse a emagrecer, não aceitava mais ser tão gorda.

- Mas não sou nutricionista, Lívia, sou psicólogo.

- Sei, já fui na nutricionista, médicos sei lá de que, psiquiatra, e todos falam que preciso engordar. Uma baleia precisa engordar ainda mais? O psiquiatra me deu um remédio, mas li a bula e não tomei, não era indicado pra mim. Aí ele falou que meu problema era psicológico, e você é o que fica mais perto da minha casa, aí eu vim. Mas acho que também não vai dar jeito, não acredito nesse negócio de curar sem remédio, e este meu corpo não tem mais jeito.

- Legal, você está certa, não pode acreditar em quem não conhece. Mas, se me der mais uma chance, só mais umazinha, podemos discutir essa parte, trocar ideias, buscar saídas. A vantagem que eu tenho sobre todos os médicos que você consultou é que não sou médico, mas sou um homem velho e sofrido, e sei o quanto faz falta ter um corpo que a gente deseja, mas não tem.

Lívia mediu Bento de cima abaixo, examinou a cadeira de rodas, as pernas inertes, sem vida, e concordou. Sim, uma chance, apenas uminha.

Quando ocorreu a cena da janela sem grades, já estavam no quarto mês de terapias, umas doze sessões, talvez. A única chance oferecida estendera-se para mais uma e mais outra, e eles construíram uma relação saudável, de confiança mútua. Em psicologia como na vida, a primeira impressão é que importa e, quando o terapeuta não faz perguntas, não questiona, não investiga, apenas acolhe, o vínculo se constrói por si só.

Lívia tinha uma representação do corpo na mente absolutamente deturpada. Sentia-se gorda, às vezes obesa, embora estivesse muito magra. Para encaixar o corpo representado no que desejava, ela evitava alimentos e, quando a fome a obrigava a se alimentar, ela engolia para saciar e depois forçava o vômito. A psiquiatria tem um nome pra isso, mas Bento não gostava e não usava termos da patologia, ele lidava com algo precioso, inestimável: a aceitação, o direito de ser o que se é sem as ditaduras da moda ou da cultura.

Então seria preciso que Lívia alterasse sua representação mental para reconhecer-se e, a partir desse reconhecimento, aceitar-se. A cura é a aceitação, e por isso a palavra cura.

Cura é uma palavra latina, ainda usada no italiano moderno, que significa cuidados. Quem cuida cura. Bento, ao cuidar de Lívia, estava praticando a sua cura. Restava o mais difícil: ela acreditar.

Bento trabalhava com a perspectiva de que todos tinham a capacidade de aprender, e que o sujeito participaria ativamente do processo terapêutico se lhe fossem passadas todas as informações sobre o assunto. Não importavam a idade ou o nível educacional, se o terapeuta conseguisse compreender o sujeito que entregava suas esperanças nele, o próprio sujeito provocaria a cura que tanto almejava.

Não era nada místico ou sobrenatural, era a crença na fisiologia, na capacidade do corpo produzir hormônios que eliciassem o processo da melhora. Dizia que, desde o medicamento que o médico receita até as palavras do terapeuta, tudo era placebo: só funcionaria que o sujeito acreditasse no médico ou no terapeuta.

Baseado nessa premissa, Bento desenvolveu uma qualidade rara: se todos tinham todas as condições básicas para aprender tudo, era necessário que aquele que se propunha a ensinar conseguisse compreender o nível do conteúdo que deveria passar e o modo como deveria ensinar. Não era um problema de aprendizagem, mas de "ensinagem". Não era uma deficiência do aluno, mas do professor. Não era um incômodo do cliente, mas do terapeuta.

Bento então promovia seu particular processo terapêutico explicando tudo ao seu cliente: desde as técnicas que usava, até as informações teóricas do problema que o afligia. Ora, esse é um sistema extremamente lógico: se você vai ser o protagonista da sua história e da sua cura, então você precisa saber tudo sobre você, e é a missão do terapeuta explicar isso pra você.

Esse sistema apressava o processo, porque Bento acreditava que a alta é mais da metade da cura.

Pois ele reservou uma sessão completa para explicar a Lívia como se processava a representação do corpo na mente: começa por volta dos quatro anos de idade, quando se inicia a mielinização dos neurônios. Mielina é uma gordura que, ao mesmo tempo em que protege os neurônios de quebra, aumenta a velocidade da transmissão entre eles, um processo que tem o nome de sinapse, e que ela já tinha visto na escola.

Antes dessa idade, a criança não tem consciência de que o corpo lhe pertence, é quando ela chama a si mesma na terceira pessoa. O uso do pronome eu representa o início da representação do corpo e do reconhecimento de que aquele corpo lhe pertence. A partir daí, lentamente, a representação vai se formando até que, por volta dos oito anos de idade, ela está completa: braços, pernas, cabeça, olhos, coração, pulmão, estômago, o corpo completo, como o espelho mostra, já está na mente. Só que estático, não tem movimento, mesmo que a criança corra, o corpo representado na mente fica parado. O seja: não consegue se desprender do ambiente.

Até que chega a puberdade, por volta dos doze anos, e finalmente a representação da mente e o corpo físico ganham consonância, e os movimentos são harmonizados: se o braço direito é levantado no corpo físico, é levantado também no corpo representado.

Algumas pessoas, por motivos diversos, acabam tendo uma representação deturpada do próprio corpo. Por exemplo, se a pessoa tiver um braço amputado, esse braço vai continuar doendo e coçando, porque na representação da mente ele não sofreu a amputação. Esse fenômeno tem o nome de dor do membro fantasma. Um tratamento psicológico precisa ser feito para que essa o corpo representado perca o braço amputado. Também em casos de cirurgias de redução do estômago o tratamento psicológico precisa ser levado a sério, porque a representação mental do corpo anterior faz com que o cérebro peça comida para voltar à forma anterior, boicotando o processo.

- Então, Lívia, essa é a teoria, e esse é o seu caso: por motivos que ainda não sabemos, mas que vamos descobrir, você tem uma representação errada do seu corpo na mente, e isso faz com que se veja no espelho como uma pessoa obesa, quando na verdade está magra, até um pouco mais magra do que o desejável para sua altura e sua idade. O que precisamos fazer, nós dois, é encontrar uma forma para você se ver como é, e não como pensa que é.

- Posso fazer uma pergunta indiscreta? Lívia arriscou.

- Claro, o que você quiser.

- Suas pernas, ainda estão boas na sua mente?

Bento esperava essa pergunta, era lógica e adequada para o momento e era a cara daquele menina. Foi a oportunidade para lhe contar a história do seqüestro que os amigos fizeram, do salto forçado da ponte Pênsil e de como, ao afundar na correnteza gelada, protegido pelos amigos, percebeu pela primeira vez depois da fatídica flechada apache que suas pernas não o ajudavam a nadar na direção praia. Podia boiar, até nadar bem devagar, mas não tinha a ajuda das pernas. Era uma sereia, as pernas parecendo a cauda balançando sem controle.

Quando chegaram à praia, sua mente tinha finalmente absorvido a configuração do novo corpo. Daquele dia em diante, suas pernas perderam o movimento também na mente, seu corpo ganhou nova configuração, a real, e sua vida melhorou consideravelmente. Ficou mais ágil e forte, mais disposto, mais feliz.

- Hoje, Lívia, sinto-me completo, a cadeira faz parte de mim, quando alguém toca nela sem pedir licença sinto que estão me invadindo como se tocassem no meu corpo. Quer saber? As pessoas em geral sonham em andar pra lá e pra cá em cima de quatro rodas, com motor e volante. Pois eu sempre me locomovo assim, e nem preciso de motor, meus braços são suficientes, por enquanto. Quando eles ficarem cansados, ligo pra você.

- Pois ligue, venho correndo. Ela sorriu e fez um carinho tímido no joelho de Bento.

O primeiro sinal de que Lívia estava melhorando não veio da alimentação ou do impulso de provocar o vômito, mas do que chamou de chute na bunda do namorado. Um dos efeitos colaterais que a condição de Lívia provocava era a redução da estima, tão rebaixada que ela só se apaixonava por homens abusadores e violentos. Livrava-se de um e arrumava outro ainda pior. Desta vez, entretanto, tomou a iniciativa de terminar a relação e de não atender aos apelos do rapaz, num sinal visível de melhora na auto-estima.

Bento lhe propôs um exercício de reconhecimento corporal: ela deveria ficar nua diante do espelho, todos os dias e durante o tempo que conseguisse, e anotar os detalhes numa agenda bonita que ele lhe deu de presente de aniversário. No começo parecia não funcionar: ou ela não ficava mais que alguns segundos, ou suas anotações não tinham valor para uma análise. Mas só o fato de fazer o exercício todos os dias sinalizava que ela queria muito sair da armadilha em que sua mente a mantinha trancada.

Com o passar dos dias o tempo diante do espelho foi aumentando e os relatos enriquecendo: Lívia já conseguia ver detalhes que lhe haviam passado despercebidos, como os seios menores do que os da mãe, o umbigo perfeito, em comparação com o da irmã, que era saliente, ou os lábios finos, que ela gostaria que fossem carnudos como os da irmã. Sinais claros e bem vindos de uma melhora sensível e mágica, que infelizmente ainda não se refletiam na alimentação.

Mas, como se fosse para agradar Bento, ela já aceitava, ao fim das sessões, descer com ele e tomar um café na lanchonete do térreo e, às vezes, dividir uma fatia de bolo com ele. Bento era dependente de cafeína, e precisava tomar um café nos intervalos das sessões para aliviar as dores de cabeça. Mas não tinha o costume de acompanhar com fatias de bolo, costume que adquiriu ao longo do tratamento de Lívia. Era como se, incentivando a jovem a melhorar sua alimentação, ele saísse da sua rotina para engordar junto com ela. Assim, enquanto ela ganharia o peso que precisava para entrar em forma, ele viraria uma bola de boliche sobre rodas.

De toda forma, a empatia que se instalou entre eles, e que tinha dupla direção, foi produzindo o tal efeito placebo que Bento defendia, e que havia confessado para Lívia, porque fazia parte da honestidade profissional e pessoal completa, sem a qual nada aconteceria.

Até que um dia, uma semana após o episódio da grade nas janelas do apartamento, mas não na janela do consultório, Lívia perguntou a Bento se poderia tirar a roupa ali, no consultório, para que ele conferisse se as anotações dela conferiam. Ele tentou não demonstrar o desconforto que a fala dela provocou, mas ela foi mais rápida do que a consternação dele, como se adivinhasse: ele não precisava ficar tímido, ela viera com um biquíni por baixo da roupa.

Não esperou pela resposta, ficou de biquíni e se postou diante do grande espelho da parece lateral. Bento deslizou a cadeira até perto dela e, com a agenda de anotações dela, conferiu ponto por ponto, comentando cada anotação ao longo do tempo. Com efeito, havia progressos nas anotações, mas pouca coisa era compatível com o corpo real.

Lívia atirou o petardo, em forma de pergunta:

- E aí, doutor, meu corpo é bonito?

- Não, Lívia, sinto dizer, mas não é. Ou melhor, não está, na verdade você está magra, precisa ganhar uns quilinhos para ficar com o corpo bonito. Mas, assim como está, você já pode desfilar na passarela da moda.

- Mas essas modelos são todas Olívia Palito!

- Pois foi o que tentei te dizer: você também está Olívia Palito, ou seria Lívia Palito? (Lívia riu gostosamente com a tirada de Bento). Mas, diferentemente delas, você pode pegar umas latinhas de espinafre e ganhar medidas onde precisa. Não para ficar mais bonita, que isso você já é até demais, mas para ganhar mais saúde e energia para viver e ser feliz.

- Sabe, Bento, acho que a última vez que eu fui feliz foi lá na infância, antes dos ataques de asma que me deixavam sem ar. Comecei a usar a bombinha pra poder respirar e a tomar cortisona. Daí em diante a felicidade se foi, as amigas se afastaram, parecia que falavam de mim pelas costas, os meninos nem me davam mais atenção, fiquei cada vez mais solitária.

- Eureka! Exultou Bento! Ficou claro agora, Lívia! Corticóides deixam a pessoa inchada, o corpo aumenta, o rosto também. Daí que você fixou essa imagem do seu corpo justamente na idade em que a representação se consolidou. Você melhorou, a asma já não tortura você, emagreceu, ganhou o corpo de adolescente, mas o trauma fixou na sua mente a representação do corpo do fim da infância, inchado pelo uso contínuo de cortisol. Já sei o que precisamos fazer: precisamos enterrar esse seu corpo da infância, fazer o luto e recuperar seu corpo verdadeiro.

- Legal isso, na teoria – argumentou Lívia, ainda cética – mas e na prática, vamos procurar um pedaço de terra num beco, abrir uma cova e me enterrar?

- Ideia fantástica, Lívia, é exatamente o que vamos fazer. Na próxima semana vou cancelar todos os atendimentos e vamos passar toda a tarde juntos, procurando esse terreno baldio. Venha com bastante energia para andar e até pra empurrar a cadeira quando eu precisar.

E assim Bento fez: passou a tarde passeando com Lívia, desde o velho Catiapoã, a Vila Sorocabana, o Colégio, o estádio da Ferroviária. Pararam no local da flechada apache, seguiram até a Ponte Pênsil, atravessaram, caminharam pela Tupiniquins até a entrada da reserva indígena. No bar do Índio, um velho colega de futebol na Ferroviária, Bento tomou um café e dividiu uma Coca com Lívia. Aproveitou para uns minutos de papo, rápidas lembranças da juventude distante. Voltaram, agora mais devagar, ambos cansados. Bento pediu pra parar um pouco na cabeceira da ponte, ali onde ele saltava e onde os amigos o jogaram. Abriu a bolsa que sempre levava presa à cadeira, sacou uma bombinha de asma, colocou-a na mão de Lívia e pediu para que ela a atirasse ao mar, no ponto exato que ele mostraria. Ela obedeceu. Ali, no lugar onde Jorge enterrara o futuro e Bento enterrou o presente, Lívia enterrava o passado.

Ficaram ainda um tempo, atrapalhando a passagem de ciclistas e pedestres, depois seguiram leves, sem sentir o cansaço dos quatro ou cinco quilômetros de caminhada. Tomaram uma água de coco no calçadão da praia, subiram em direção ao consultório, pararam na doceria onde costumavam dividir o pedaço de bolo, finalmente chegaram.

Na doceria, Bento pediu um pedaço do bolo favorito. Lívia intercedeu:

- Dois, por favor. E um capuccino também, com bastante creme.

Lívia e Bento ainda se encontraram muitas sessões depois dessa, mas a melhora foi acelerada a partir daí. Construíram uma amizade de café e de repartir o bolo que permaneceu após a alta. Alta que, a bem da verdade, precisou ser também muito negociada: a cada vez que ele tocava nesse assunto, ela brincava que, se ele realmente a dispensasse, ela voltaria a enfiar o dedo na garganta.

Falava, e dirigia o dedo na direção da boca aberta. Depois sorria, um sorriso doce e terno, e completava: não, melhor enfiar um pedaço de bolo.

Bento nunca lhe disse, mas, nesses momentos de felicidade juvenil, ele fechava os olhos e sentia saudades imensas da filha, tão jovem e bela quanto Lívia, tão terna e difícil quanto Lívia.

Tornaram-se bons amigos, Lívia sempre o visitava para um café com bolo ou apenas para uma conversa, uma novidade, um abraço fraterno. Ela era a única pessoa da vida dele que estava na rodoviária, no dia em que Bento decidiu partir, não se sabe para onde. Ele lhe deu de presente um lenço branco, que pediu para guardar até que ele voltasse.

O ônibus saiu da baia, o motorista manobrou para a saída da rodoviária e Bento pode ver a figura frágil e singela de Lívia acenando o lenço branco. Sentiu a mesma emoção de quando sua filha partiu, só que com sinais trocados, ele na plataforma acenando o lenço.

E essa foi a última imagem que ele levou, e que ela guardou, e foi também a última vez que ouvimos falar em Bento.

DEZ E MEIO

Em algum lugar da mente há uma grande caixa guarnecida por grossos muros de concreto. Lá dentro ela tranca as dores e as frustrações. Não são os traumas, porque só é trauma aquilo que foge da caixa e inunda o consciente e, portanto, o que fica lá aprisionado são conteúdos que não podem sair, porque a mente é uma ditadora do bem, projetada para não sofrer.

A matéria prima usada para a fabricação dos muros é a energia vital do organismo. Freud chamou essa energia de libido. Não é possível armazenar energia, toda a que o organismo produz precisa ser consumida. Se você consome mais do que produz, você adoece fisicamente, a estafa chega e prostra você; se consome menos do que produz, adoece psicologicamente.

Essa energia que você não consome está sendo usada para construir e manter os muros de concreto que prendem as dores e as frustrações. Frustrações e dores que você não quer deixar aflorar, mostrar-se, pedir socorro, por favor.

A função primeira do terapeuta é encontrar a sua caixa de concreto e explodir os muros, para que o conteúdo possa sair. A função segunda do terapeuta é ajudar você a lidar com o conteúdo que vazar de lá. A função terceira é, depois, mostrar pra você as alamedas que se abrem, e que você pode escolher seguir ou não, porque você é o único dono do seu destino.

Escolher o caminho é um direito e um dever só seu.

A quarta função do terapeuta é aceitar a escolha que você
fez. Se você permitir, também caminhar ao seu lado até que a
luz chegue até você.

Quando chegar a luz, ele te dá a alta. Essa é a cura.

Bento, verão escaldante, 2001

P.s. terapeuta é aquele que acessa tua mente, descobre as
formas que ela apresenta, desenha essas formas pra que você
também tenha consciência delas e, se você permitir, ajuda você
a mudá-las para ser mais feliz. Esse é o terapeuta, os outros são
só psicólogos.

ONZE - NOTA DO A(U)TOR

Bento Gonçalves, o terapeuta, nunca conheceu Bento Gonçalves, a cidade, nunca esteve lá nem desejou estar, nem mesmo seu nome foi uma homenagem ao local ou ao seu patrono. Nunca procurou saber quem foi o Bento que deu nome à cidade, ter o mesmo nome era só uma coincidência oriunda de um erro do escrivão da Polícia Federal.

Bento nasceu Benito Gonçalves Rodriguez, na Espanha destruída por seguidas guerras e pisoteada pela botas do franquismo, na fronteira do Norte, separada de Portugal pelo rio Minho. Brincava que fugia para o país vizinho toda vez que sua mãe ameaçava bater nele. Desejou ser brasileiro desde o momento em que pôs os pés no Brasil e conheceu sua gente. No ato da naturalização, o escrivão comeu o i do Benito, e nasceu Bento, o brasileiro. Seus documentos acabaram todos com a nova grafia, e Bento enterrou Benito para sempre.

Clinicou durante cinco décadas e alguns anos, deixando um legado profundo, em especial na renovação da Psicanálise, que trouxe para os dias modernos. Escreveu muito, escrever era sua válvula de escape de pressão. Contos, poesias, artigos científicos, livros sobre Psicologia e a arte de cuidar das pessoas, sua especialidade.

Bento acreditava piamente que somente pode ser terapeuta aquele que possui profunda vivência, porque as lembranças da infância, da juventude, do passado, enfim, fornecem as chaves para resolver os casos que se apresentam no set terapêutico. Por isso aconselhava os jovens formandos que o procuravam para supervisão para que vivessem intensamente, incessantemente, profundamente. Quanto mais mergulhassem nas relações humanas, quanto mais experimentassem sensações de forma total, mais se tornariam bons terapeutas.

Nenhum deles, entretanto, se tornou tão bom quanto ele, até porque nenhum tinha tido uma existência tão acidentada e rica quanto a que teve Bento. Existência que ele compilava nos escritos que legou aos seus seguidores e que, aqui, pode ser sorvida em pequenos, mas deliciosos pedaços.

Entre seus escritos, três chamam a atenção: um de memórias; outro de descrição de casos; e outro ainda de pílulas, uma coleção de pequenos textos (que ele com ares de galhofa chamava de textículos), que eram ao mesmo tempo comentários sobre acontecimentos e conselhos carregados de sabedoria.

Sobre estes últimos: eles vêm datados com as estações. Não são as quatro estações do ano, conforme o calendário, mas o estado de espírito que preenchia Bento no momento em que escrevia. Ele classificava suas emoções a partir das características da primavera, verão, outono ou inverno. Fazendo dessa forma, não deixava dúvida sobre o que sentia, e as pessoas prestavam mais atenção nas suas próprias emoções: em lugar de dizer que estava triste, ele dizia que estava inverno, ou que estava outono, e até a intensidade da emoção era modulada. E compreendida.

Dessas três obras foram tiradas as passagens deste livro. Elas estão expostas em muitas bibliotecas públicas: no imaginário de quem o conheceu, ou no conhecimento de quem o imaginou.

Os mais velhos contam sobre um cinema existente na orla da praia de Santos, próximo à igreja de Santo Antonio do Embaré, lá onde as moças todas queriam se casar. Chamava-se Cinema 1. Mantinha um ritual curioso: na saída das sessões os clientes podiam escolher um entre alguns filmes. O mais votado passaria na sessão da meia-noite, todas as sextas-feiras.

Bento gostava de cinema e freqüentava o Cinema 1. Na saída, esperava todos passarem e contava quantos não tinham assinado o livro da escolha do filme. Então ele assinava várias linhas, com nomes diferentes, e sempre passava o filme que ele queria na sessão da meia-noite. Usando essa estratégia, ele assistiu uma dúzia de vezes, ou mais, ao filme Ensina-me a Viver, com Ruth Gordon, que ganhou o Oscar com essa interpretação.

Fernando Pessoa, se o conhecesse, invejaria Bento, tantos eram os heterônimos – e os poemas – que este inventava, ou para ver o filme que desejava, ou para encantar as pessoas que o conheciam.

Bento não morreu: ao completar oitenta anos, cansado de cavalgar um alazão de quatro patas em forma de rodas, ele se afastou de tudo e de todos. Não se sabe para onde foi ou onde está agora. Sabe-se que, no filme, a personagem de Ruth Gordon, incrivelmente semelhante ao terapeuta Bento no senso de humor, na ânsia de viver, no trato especial com os jovens e a natureza, até no vagão do trem onde morava e, em especial, na capacidade de manter a juventude mental, a despeito do passar do tempo, a personagem, dizia eu, decidiu que não viveria um dia a mais além dos oitenta, e assim o fez.

Foi Ruth Gordon que iniciou Bento na penosa arte de compreender o suicida e o direito inalienável sobre seu destino. Ou seria sobre seu fado?

Sabe-se, com total certeza, que, nas manhãs de outono escuro, antes das seis, no alto do grande sobrado onde reinou o depósito de bebidas do seu Alcides, e desafiando a autoridade da Justiça Federal que ocupa o prédio no dias de hoje, Apaches ficam posicionados atrás das muretas da grande laje, prontos para cravar flechas nos peitos de jovens sonhadores e corajosos que ousam desafiá-los.

E também se sabe que, numa noite de fúria, quando Bento voltou, com seu alazão de quatro patas e seus Colts prateados, os pele-vermelhas recuaram, mas vandalizaram, por raiva, o hospital que funcionava temporariamente na pandemia da Covid-19.

Você pode não acreditar que ainda há Apaches lá. Mas, se sobrar tempo, ainda pode visitar os escombros o hospital, ali no último número da João Ramalho, na esquina com a Campos Sales, em frente a outro depósito de material de construção, o que não ruiu. Se for caprichoso, se tiver paciência e fé, encontrará as marcas das flechas e das machadinhas dos sinistros Apaches.

Só não vá lá ao amanhecer, espere a luz do sol. Flechas no peito são difíceis de tirar e, honestamente, ainda não apareceu, e talvez nunca apareça, outro Bento Gonçalves pra te ajudar.

Não ter outro Bento é o nosso fado. Ou será nosso destino?

P.s.: concluir este livro no capítulo onze e com vinte capítulos é uma dupla heresia: Bento era neurótico em relação a números, e só gostava dos que fossem múltiplos de três. A provocação tem uma razão: quem sabe se, ofendido e incomodado com a falta de um só capítulo, ele volte ao nosso convívio, nem que seja pelo exíguo tempo de me obrigar a acrescentar o número doze e os vinte e um capítulos.

Bento somava todos os números que surgiam até que resultassem em múltiplos de três. Depois recomeçava a soma, ininterruptamente. Dizia que tinha uma luzinha na mente que jamais se apagava, e a quem chamava de Beremiz. Se ele fosse o responsável por esta obra, contaria as letras e acrescentaria ou subtrairia algumas para que a soma total resultasse num número múltiplo de três.

Se você por acaso cruzar com Bento, e se quiser vê-lo bem feliz, conte-lhe o que fiz e incentive-o a voltar, mesmo que, indignado, ele me atire da Ponte Pênsil no dia mais frio do inverno mais frio.

Só para constar, acrescento este último parágrafo para que a soma das palavras seja vinte e quatro mil, que dividido por três resulta em oito mil, sem resto.